Schritte für schulischen Erfolg

Bibliografische Information der Deutschen Nationalbibliothek:
Die Deutsche Nationalbibliothek verzeichnet diese Publikation
in der Deutschen Nationalbibliografie; detaillierte bibliografische
Daten sind im Internet über dnb.dnb.de abrufbar.

Herstellung und Verlag: BoD – Books on Demand, Norderstedt

ISBN: 9783755794578

Inhaltsverzeichnis

Wer sind wir?

Wir sind zwei Brüder, Frederik und Hanno. Nach der Grundschule haben wir auf ein Gymnasium gewechselt. Zur Oberstufe haben wir beide ein technisches Gymnasium besucht. Dort war es uns möglich, eine zusätzliche Fachrichtung zu wählen. Frederik hat Elektrotechnik und Datenverarbeitungstechnik und ich habe Mechatronik gewählt. Die neue Schule hat es uns ermöglicht, Latein ein Jahr früher abzugeben, was vor allem Frederik zugute kam.

Frederik wurde nach dem Schulwechsel immer besser. Nach seinem Schulabschluss zog er folgendes Resume:

Obwohl die LehrerInnen meines Empfindens nach keinen leichteren Unterricht gemacht haben, sind meine Noten rasant angestiegen. Bis dahin lagen meine Noten so zwischen 2 und 4. In Fächern, die mir Spaß gemacht haben, war ich gut. In den anderen musste ich viel lernen, um nicht unterzugehen. Im ersten Jahr an der neuen Schule habe ich sehr viele Klassenkameraden verloren, da sie entweder abgebrochen haben oder die Klasse wiederholen mussten. Die neue Schule war also kein Spaziergang gewesen. Dennoch bin ich auch in Fächern immer besser geworden, in denen ich vorher schlecht war. Ich merkte, irgendetwas hat sich verändert. Ich wusste nur noch nicht was. In den letzten Monaten vor meinem Abitur habe ich dann nachgeforscht, viel gelesen und mit FreundInnen und meiner Familie diskutiert, was die Gründe für meinen plötzlichen Schulnotenanstieg gewesen sind.

Frederik hat dann ein sehr gutes Abitur gemacht.

Noch eine kleine Info. Im weiteren Buch wird in der Ich-Form geschrieben, egal wer von uns beiden gemeint ist.

Warum du dieses Buch lesen solltest

Hier sind zwei wichtige Gründe, warum du dieses Buch lesen solltest:

1. Vor kurzem hat mir eine Erzieherin gesagt, dass die neuen Erstklässler sich unheimlich auf die Schule freuen und nach nur zwei Wochen meist keine Lust mehr haben in die Schule zu gehen.

Da die Schule so einen großen zeitlichen Einfluss auf dich hat, macht es sehr viel Sinn, sich darüber Gedanken zu machen, wie man sie erfolgreich bestreitet. Ich habe mir klar gemacht, dass mein Leben zu kurz ist, um nur von Freitagnachmittag bis Sonntagabend wirklich zu leben. Dein Leben ist zu kurz, um fünf Tage in der Woche dahinzuvegetieren und nur zwei Tage zu genießen. Deshalb war mein Ziel, mich am Freitag schon auf den Montag zu freuen. Daran habe ich gearbeitet und dieses Ziel am Ende meiner Schullaufbahn auch erreicht.

2. Man hört oft: „Das Abitur ist nur eine Eintrittskarte fürs Studium. Später ist es vollkommen unwichtig." Ich gebe dieser Aussage absolut recht. Das selbe gilt auch für alle anderen Schulabschlüsse. Mit deinem Abschluss erwirbst du dir die Möglichkeit einer Ausbildung oder eines Studiums. Immer wieder hört man, das manche Menschen z.B. nicht ihren gewünschten Studiengang studieren können, weil ihr Abschluss zu schlecht ist. Manchmal sind ihre Leistungen auch richtig gut und trotzdem

nicht für das gewünschte Fach ausreichend. Egal welchen Schulabschluss du anstrebst, mache ihn so gut es dir möglich ist, zumal du nicht weißt, für was du später noch Interesse entwickelst.

Eine (andere) Sicht auf Schule

Jetzt wollen wir uns noch einem sehr wichtigen Thema widmen. Stelle dir einmal die Frage, was die Schule eigentlich ist. Nimm dir ruhig etwas Zeit dafür. Vielleicht wirst du sagen: „Ein Ort, an dem ich theoretisches Wissen bekomme." Oder du wirst sagen: „Ein Ort, an dem ich viel lerne, was ich in meinem späteren Leben nicht mehr brauchen werde." Hier meine Sicht, über die Schule:

Die Schule ist ein Ort des Lernens. Dabei geht es nicht nur um theoretisches Wissen, sondern auch um Fähigkeiten und persönliches Wachstum. Die Schule sollte ein recht breites Spektrum an Allgemeinwissen vermitteln, um das ganzheitliche Denken der SchülerInnen zu fördern.

Es ist gut, in der Schule ein breites Spektrum an Allgemeinwissen zu bekommen. Das hilft dir, ganzheitlicher denken zu können, d.h. du lernst, Zusammenhänge herzustellen, dir eine solide eigene Meinung zu bilden oder zu erfassen, warum der eine oder andere so handelt, wie er handelt. Wenn du denkst, dass du viel Wissen aus der Schule im späteren Leben nicht mehr brauchen wirst, nimmt dir diese Sicht vielleicht den Unmut. Versuche mal, Wissen als etwas Tolles anzusehen.

Außerdem gibt es auch andere Fähigkeiten, die man in der Schule lernt, wie z.B. die Fähigkeit des freien Sprechens oder die Fähigkeit effektiv zu lernen. Auch soziale Fähigkeiten werden gefördert. Nicht jede Fähigkeit entwickelt sich automatisch. Manche muss man sich aktiv selber aneignen, wenn man das möchte. Und deswegen möchte ich dir dafür den Blick weiten. Du musst sowieso eine gewisse Zeit in die Schule gehen, nutze sie doch effektiv. Die Schule ist in dieser Hinsicht ein bisschen wie eine Lernplattform. Du kannst entscheiden, wie aktiv du darin lernen möchtest. Fähigkeiten wie z.B. Präsentieren oder freies Sprechen können dir beruflich wie auch privat immer wieder eine Hilfe sein.

Vielleicht helfen dir die Gedanken, bei „Schule" nicht nur an Noten zu denken.

Warum in der Schule sein Bestes geben?

Vielleicht hast du Angst davor, gut in der Schule zu sein. Das kann z.B. daran hängen, dass du Angst hast deinen Freundeskreis zu verlieren, weil du momentan einen Freundeskreis hast, der schulisch eher schlechtere Leistungen erzielt und gute SchülerInnen eher ablehnt. Vielleicht möchtest du aber auch einfach nicht als Streber dastehen. Hierzu ein paar Gedanken, um dir die Angst zu nehmen, besser zu werden.

1. Was die Menschen nach außen von sich geben und was sie innerlich denken, muss nicht direkt übereinstimmen. Wenn du z.B. FreundInnen hast, die keine guten schulischen Leis-

tungen erbringen und du immer besser wirst in der Schule, kann es vorkommen, dass du manchmal einen schlechten Kommentar abbekommst. Dieser muss aber nicht unbedingt dich als Person kritisieren, sondern kann auch einfach daher kommen, dass die Person auch gerne so gut wäre wie du.

2. Nur weil du in der Schule besser wirst, heißt das noch lange nicht, dass du ein komischer Typ wirst. Es gibt so viele schlaue und kluge Menschen in der Schule, die trotzdem angenehme Zeitgenossen sind. Die Frage ist eher, wie du mit deinem Wissen umgehst. Gibst du damit an oder bist du bereit Wissen zu teilen.

3. Was sind es für FreundInnen, wenn sie dich wegen guten Leistungen ablehnen und klein halten wollen? Hart gesagt kannst du eigentlich sogar dankbar sein, wenn diese Menschen nicht mehr deine FreundInnen sind. Du kannst dir vielleicht einen neuen Freundeskreis mit Menschen aufbauen, die sich gegenseitig ermutigen und positiv fördern. Natürlich verstehe ich, dass so ein Prozess kein leichter ist und man eher davor zurückschreckt, aber es lohnt sich.

4. Es lohnt sich, in der Schule gute Fähigkeiten zu erlernen und Leistungen zu erzielen. Mal abgesehen davon, dass es wirklich ärgerlich sein kann, wenn man erst später seine Leidenschaft z.B. in Medizin findet und es aufgrund schlechter schulischer Leistungen sinnlose Hürden gibt, bzw. es unmöglich macht, diesen Traum zu verwirklichen.

Wie du am besten von diesem Buch profitierst

Damit dieses Buch seine Wirkung entfaltet, solltest du vor allem Schritt 1 von Teil 1 „Übernimm Verantwortung" (s.S. 20) sehr zu Herzen nehmen. Überlege dir gut, welche der Schritte du schon in deinem Leben übernommen hast, welche du verbessern und welche du noch übernehmen kannst. Dieses Buch ist keine Pille, die dir von jetzt auf nachher gute Noten gibt. Um am Besten von dem Buch zu profitieren, lies die folgenden Seiten sorgfältig durch und denke darüber nach. Sei offen für das Geschriebene und verwirf die Ideen nicht, wenn sie für dich auf den ersten Blick keinen Sinn machen.

Das Buch ist in zwei Teile aufgeteilt. Im ersten Teil schauen wir uns an, was für den Erfolg in schriftlichen und mündlichen Noten wichtig ist und wie du mehr Freude an der Schule bekommen kannst. Die Prinzipien lassen sich aber auch auf dein privates sowie berufliches Leben übertragen.

Im zweiten Teil lernst du, wie du spannende Präsentationen halten kannst. Diese Fähigkeit ist nicht nur für die Schule vorteilhaft, sondern auch weit darüber hinaus. Sachverhalte ansprechend rüberzubringen kann sowohl im beruflichen, als auch im privaten Leben (z.B. bei dem 80. Geburtstag von Oma) wichtig werden.

Jeder Teil besteht aus verschiedenen Schritten. Am Ende von jedem Schritt gibt es Fragen zum Nachdenken.

Um den größten Nutzen von diesem Buch zu bekommen, solltest du es nicht nur einmal am Stück lesen und dann in den Schrank legen. Damit bekommst du nur einen Überblick. Lies am besten von Montag bis Freitag pro Tag jeweils einen Schritt aus dem ersten Teil. Damit bist du dann in 2 Wochen durch. Versuche immer die Schritte bestmöglich in die Praxis umzusetzen. Nach den zwei Wochen solltest du wieder von vorne anfangen. An einem bestimmten Tag in jeder Woche kannst du z.B. auch die wichtigen Eingangskapitel lesen. Natürlich kannst du bei den Fragen zum Nachdenken nicht bei jedem Durchgang die Zeilen füllen, dafür würde der Platz nicht reichen. Entweder füllst du sie mit Bleistift aus und korrigierst immer etwas, wenn sich etwas geändert hat, oder du füllst nur beim ersten mal aus, und danach nicht mehr. Du kannst das frei entscheiden, wie es dir am Meisten hilft. Wenn du vor Präsentationen stehst, gehst du dann den zweiten Teil (ab S. 73) nochmal durch. Wichtig ist auch, dass du dir die Blätter der Zusammenfassung am Ende des Buches heraustrennst und an einen Ort hängst oder legst, den du häufig siehst, wie z.B. auf deinen Schreibtisch. So wirst du regelmäßig an das Gelesene erinnert.

Wie du mit Fehlschlägen umgehen solltest

Die Schule birgt häufig auch Frustration und gerade auf dem Weg nach vorne bleibt diese nicht aus. Ich habe einmal ein Referat gehalten, von dem ich überzeugt war, dass es gut war. Meine Kollegen und ich hatten viel Freude beim Präsentieren. In der Feedbackrunde wurde ich stark von einer Mitschülerin kritisiert. Obwohl wir keine schlechte Note bekommen hatten, hat dieses Feedback mich stark beschäftigt, und es hat eine Weile gedauert, bis ich darüber hinweggekommen bin. Feedback ist manchmal schmerzhaft, vor allem wenn es nicht nett gewesen ist, wie wir es bekommen haben.

Wir bekommen im Alltag immer wieder Feedback in unterschiedlichster Art. Ich unterscheide dabei in verbales und stilles Feedback. Verbales Feedback ist Feedback, was dir jemand ins Gesicht sagt oder schreibt, wie z.b. wie du deine Hausaufgaben erledigt hast oder wie man über deine sportlichen Leistungen denkt. Stilles Feedback wären z.b. Noten, etwas Unausgesprochenes. Wir bekommen im Alltag immer wieder Feedback für unser Handeln, ohne dass uns das jemand direkt ins Gesicht sagt. Feedback, egal ob verbal oder nicht kann uns frustrieren. Dabei sollte es uns doch eigentlich helfen, besser zu werden. Es ist völlig normal, dass nicht alles auf Anhieb perfekt ist. Wie sollte man also am besten mit Feedback umgehen, damit es einen voranbringt?

Ich zeige dir 3 Schritte, wie du mit Feedback umgehen kannst, auch wenn es sehr unfreundlich formuliert wurde und vielleicht nur gegeben wurde, um dich zu verletzen. Wichtig in dem gesamten Prozess ist, dass du nicht an dir zweifelst. Versuche das Feedback von dir als Person zu trennen und rational, also ohne Emotionen, anzuschauen. Du musst dein Ergebnis nicht verteidigen. Sei offen und dankbar für Kritik. Nicht jede Kritik ist richtig, aber wenn du immer die drei Schritte anwendest hilft dir das auch, falsches von richtigem Feedback zu trennen:

1. Zu aller erst versuchst du, dein Feedback genau zu verstehen und dankbar dafür zu sein. Bei verbalem Feedback hörst du genau zu und stellst Rückfragen. Bei stillem Feedback, wie z.B. der Note einer Klassenarbeit, machst du dir

deutlich, wo deine Fehler gewesen sind und was gut gelaufen ist. Du gräbst ein bisschen tiefer.

2. Danach analysierst du, warum das so ist. Du gehst der ganzen Sache genauer auf den Grund und verstehst die Zusammenhänge zu deinem Handeln oder deinen Ergebnissen. Es geht nicht darum, Entschuldigungen für deine Fehler zu finden. Du verstehst, warum du verschiedene Dinge in der Klausur wusstest und warum nicht.

3. Jetzt kommt ein sehr wichtiger Punkt. Du überlegst dir, was von deinem Feedback verwertbar ist. Du machst dir also Gedanken, was du beim nächsten mal besser machen möchtest. Alles andere schmeißt du gedanklich weg. Schreibe dir ruhig konkrete Handlungsweisen auf, am besten in ein Dokument, in dass du wichtige Dinge für deine Klausurvorbereitung schreibst und da schaust du immer drauf, bevor du dich auf eine Klausur vorbereitest. Damit vermeidest du, die selben Fehler unnötig häufig zu machen. Natürlich dauern manche Sachen länger in der Umsetzung, bis man sie dann richtig drauf hat, aber es ist besser, wenn man sie vor Augen hat, als wenn man sie wieder vergisst.

Jetzt also nochmal kurz zusammengefasst:

1. Deine Situation verstehen → 2. Sie analysieren → 3. Kreativ werden und Dinge verändern

Jetzt noch das Beispiel mit der Klausurnote etwas ausführlicher:

Du hast eine 5 in Mathe geschrieben. Zuerst machst du dir deutlich, dass diese Note nicht deinen Wert beschreibt, sondern deine Leistung. Du entscheidest dich, aus deiner Klausur zu lernen. Jetzt gehst du die drei Schritte durch.

Schritt 1: Du schaust dir die Klausur durch und analysierst, wo genau du Fehler gemacht hast. Du erkennst, ob verschiedene Teilthemen nicht gut liefen oder ob alles in allem nicht gut war. Du kannst sehen, ob du z.b. mit Grundrechenarten Probleme hattest und sich deshalb immer wieder Fehler eingeschlichen haben

Schritt 2: Jetzt überlegst du, warum du es nicht konntest. Wusstest du nicht, dass es dran kommt, wenn ja, warum nicht? Hast du gedacht es wäre nicht so wichtig gewesen oder hast du zu wenig Zeit ins Lernen investiert? Hast du Lücken aus der Vergangenheit oder vielleicht ein Teilthema noch nicht verstanden? Du gehst deinen Fehlern auf den Grund.

Schritt 3: Jetzt überlegst du dir konkrete Handlungsschritte, was du beim nächsten Mal ändern wirst, damit dir nicht die selben Fehler nochmal passieren. Die schreibst du dir in das Dokument, in dass du wichtige Dinge für deine Klausurvorbereitung schreibst. Vor der nächsten Klausurvorbereitung schaust du da rein, um von deinen Fehlern zu lernen. Solltest du generelle Lücken haben macht es natürlich Sinn, nicht erst bis zur nächsten Klausur zu warten, aber über Lücken geht es später noch (Teil 1, Schritt 4: „Bleib am Ball", S. 38)

Zu guter letzt noch eine wichtige Sache, die du immer beachten solltest, wenn du Feedback gibst. Frage dich immer, warum du gerade Feedback geben möchtest. Möchtest du die Person verletzten oder ihr wirklich weiterhelfen. Wenn du weiterhelfen möchtest, bist du auch bestrebter das Feedback auf eine Art und Weise zu geben, dass sie es auch am ehesten annehmen wird. Sei sensibel, dass du nicht mehr kaputt machst, als du förderst. Sei dir auch bewusst, dass du mit deinem Feedback nicht immer richtig liegst. Versucht gemeinsam die beste Lösung zu finden und versuche auch du als Feedbackgebender zu verstehen, warum dein Gegenüber die Sachen so gemacht hat, vielleicht hatte er/sie ja einen Grund dafür.

Wie kommen die Noten zustande?

Eine Note besteht aus schriftlichen Leistungen, der mündlichen Mitarbeit und manchmal auch aus anderen Leistungen, wie Hausarbeiten oder Präsentationen.

Wie du weißt, besteht die schriftliche Note in der Regel aus den Noten, die du in Tests oder Arbeiten schreibst.

Bei der mündlichen Note ist das etwas anders. Die mündliche Note besteht nicht immer nur aus Melden. Das ist sicherlich nichts Neues für dich. Deshalb wollen wir uns hier ein paar Faktoren anschauen, die, meiner Erfahrung nach, deine mündliche Note beeinflussen können. Teilweise gibt es im Zeugnis jeweils noch eine Note für das Sozial- und Arbeitsverhalten oder diese Noten fließen quasi in die mündliche Note mit ein. Es kann also gut sein, dass die genanten Punkte bei dir zumindest momentan eher in das Sozial- oder Arbeitsverhalten mit einfließen.

1. Umgang

Auch wie du mit deinen MitschülerInnen umgehst, hat einen Einfluss auf deinen Eindruck. Bist du häufig in Streitereien verwickelt? Redest oder störst du im Unterricht? Kein/Keine LehrerIn hat es gerne, wenn ein/eine SchülerIn stört. Das wirkt sich nur negativ auf deine Note aus. Versuche deinen MitschülerInnen zu helfen, wenn sie Fragen haben und du sie beantworten kannst. Das erhöht die Wahrscheinlichkeit, dass sie sich dann auch Zeit für deine Fragen nehmen.

2. Interesse

Sei im Unterricht dabei. Nicht nur körperlich, sondern auch geistig.

Es macht keinen guten Eindruck, wenn du häufig fehlst. Auch mit einem Attest ist es ungünstig häufig zu fehlen, denn das Attest ist leider mittlerweile auch nicht mehr zwingend ein Indiz dafür, ob jemand wirklich krank gewesen ist. Zudem solltest du dann den verpassten Stoff nacharbeiten und das kann manchmal auch ziemlich nervig sein. Wenn du allerdings krank bist, ist es wirklich gut, wenn du Zuhause bleibst. Sowohl für dich, als auch für dein Umfeld.

Sei auch geistig anwesend. Sei im Unterricht mit deinen Gedanken bei der Sache und stelle Fragen, wenn du etwas nicht verstehst. Zeige damit dem/der LehrerIn, dass du seinen/ihren Unterricht wertschätzt und ihn/sie respektierst, auch wenn du den/die LehrerIn nicht unbedingt leiden kannst. Ehrliche Wertschätzung mag jeder von uns, auch dein/deine LehrerIn. Wenn du zeigst, dass es dir wichtig ist, das Thema zu verstehen, ist dein/deine LehrerIn mit hoher Wahrscheinlichkeit auch bereit dir etwas zu erklären, falls du etwas nicht verstanden hast. Das zeigst du auch dadurch, dass du dich im Unterricht nicht ablenken lässt oder andere Dinge nebenher machst. Auch wenn du Aufgaben bekommst, die du lösen sollst, solltest du dich bemühen, sie mit bestem Wissen zu erledigen und dir, wenn nötig

Hilfe zu suchen. Dann kannst du vielleicht schon in der Stunde Fragen beantwortet bekommen, was wieder zur Folge haben kann, dass du weniger Zeit mit den Hausaufgaben verbringst. Es zeigt dem/der LehrerIn dein Interesse, wenn du in der Stunde mitarbeitest.

3. Hausaufgaben

Es ist wichtig, dass du deine Hausaufgaben machst und zwar aus einfachen Gründen: Deine Hausaufgaben helfen dir, den Stoff nochmal alleine zu durchdenken. Sie helfen dir, das zu vertiefen, was du im Unterricht gelernt hast. Zudem zeigen sie dir, was du nicht verstanden hast und dann kannst du wiederum nachfragen. Wenn du regelmäßig deine Hausaufgaben machst, zeigt es dem/der LehrerIn, dass du Interesse an seinem/ihrem Fach hast, bzw. dass dir deine Note wichtig ist. Wieso sollte er/ sie dich gut benoten, wenn er/sie das Gefühl hat, dass dir sein/ ihr Fach gar nicht wichtig ist? Mache deine Hausaufgaben selbst und bestmöglich, ordentlich und strukturiert. Zudem kannst du dann mit gemachten Hausaufgaben bei der Besprechung richtig punkten. Ein Lehrer schrieb mir, dass in der Oberstufe selbstgemachte und -durchdachte Hausaufgaben fast immer eine Minderleistung im Zeugnis verhindern.

Vielleicht kennst du die Situation, in der fast keiner die Hausaufgaben hat. Stell dir vor, du gehörst nicht zu denen. Zu zeigen, dass du dich mit deinen Hausaufgaben beschäftigt hast, das gemacht hast, was ging und zu dem Rest Fragen mitgebracht hast, zeigt deinem/deiner LehrerIn, dass dir die Mitarbeit wichtig ist. Natürlich braucht es schon eine Portion Mut, zuzugeben, dass man seine Hausaufgaben gemacht hat, wenn keiner sie sonst hat. Du möchtest ja vermutlich nicht als Streber betitelt werden. Vielleicht sind die SchülerInnen, die dich als

Streber betiteln, eigentlich neidisch auf deine guten schulischen Leistungen. So eine Situation ist immer eine Gradwanderung. Auf der einen Seite möchte man sich nicht unkameradschaftlich verhalten und auf der anderen Seite darf man auch zu seinen Leistungen stehen. Lügen solltest du auf alle Fälle nicht.

- Teil 1 -

Noten verbessern & Freude erhöhen

Der erste Teil behandelt 10 Schritte, die dir nicht nur in der Schule, sondern auch in deinem Privat- oder Berufsleben helfen können. Wir schauen sie uns aber im Hinblick auf die Schule an.

Schritt 1: Übernimm Verantwortung

Verantwortung?

Hier geht es jetzt nicht darum neue, verantwortungsvolle Aufgaben zu übernehmen, sondern für das, was man tut, Verantwortung zu übernehmen. Wenn ich einen Freund frage, weshalb er eine schlechte Note geschrieben hat, bekomme ich häufig als Antwort: „Weil mein/meine LehrerIn nicht richtig erklären kann". Diese Antwort macht immer andere für das schlechte Ergebnis schuldig. Die Person selbst übernimmt dabei keine Verantwortung für ihre eigenen Ergebnisse. Wichtig ist jetzt, dass du ehrlich zu dir bist und dich hinterfragst. Übernimmst du Verantwortung für deine Ergebnisse? Natürlich gibt es Dinge, die nicht in unserem Handlungsbereich liegen und wir deshalb auch nicht Verantwortung dafür tragen, wenn diese Dinge schief laufen. In diesem Schritt geht es darum, eine Grundhaltung zu bekommen, die Verantwortung übernimmt.

Warum du Verantwortung für deine Ergebnisse übernehmen solltest

Bei positiven Ergebnissen zeigen wir gern auf uns und fordern Anerkennung und Lob. Bei negativen Ergebnissen zeigen wir häufig auf andere und distanzieren uns von unserem Misserfolg. Dies führt dazu, dass wir uns handlungsunfähig machen, weil wir ja angeblich gar nicht daran Schuld sind, wie die Ergebnisse aussehen. Sobald etwas nicht gelingt, versuchen wir nicht, den Fehler bei uns zu finden, sondern suchen ihn bei den anderen. Somit wissen wir meistens sehr gut, was andere hätten besser machen müssen. Dabei bleibt es leider. Wir fordern von anderen, dass sie unsere gewünschten Ergebnisse erbringen. Mit dieser Einstellung werden wir immer wieder enttäuscht. Was würde also wirklich helfen? Wir müssen anerkennen, dass wir unsere Ergebnisse bringen. Dies bringt uns nämlich in die Handlungsfähigkeit. Jetzt können wir handeln und das Ergebnis aktiv beeinflussen. Ein Freund von mir musste ein Jahr auf meiner neuen Schule wiederholen. Er sagte, dass die Schule sehr gut sei, er jedoch nicht die nötigen Ergebnisse gebracht habe. Er ist ein positives Beispiel für jemanden, der Verantwortung für seine Ergebnisse übernommen hat. Er hat nicht die Schule für sein Sitzenbleiben verantwortlich gemacht, sondern den Fehler bei sich selbst gesucht. Das hat ihm die Tür geöffnet sich beim zweiten Versuch zu verbessern. Drei Jahre später hat er mit mir zusammen sein Abitur gemacht.

Wie du für deine Ergebnisse Verantwortung übernimmst

In der Bibel finden wir einen guten Rat: „Was siehst du aber den Splitter im Auge deines Bruders, und den Balken in deinem Auge bemerkst du nicht?" (Schlachter-Bibel 2000, 2000, Matthäus 7:3). Das bedeutet, dass du am besten zuerst dich reflektierst und schaust, was du besser machen kannst. Frage dich nach jedem schlechten Ergebnis, dass du zurückbekommst, welche Möglichkeiten du gehabt hättest, es besser zu machen. Wenn du nur Dinge findest, die andere hätten besser machen können, dann hast du sehr wahrscheinlich noch nicht richtig nachgedacht. An dieser Stelle ist uns vielleicht der Weg zu hart, den wir hätten gehen können, aber es sind niemals immer die anderen Schuld.

Tipp Nr. 1: Reflektiere dich und überlege, was du besser machen kannst.

Gerade beim Thema Verantwortung übernehmen neigen wir meiner Meinung nach in unserem Leben in der Regel zu stark dazu zu denken, dass der Einfluss von anderen auf unsere Ergebnisse viel größer ist, als er in der Realität ist. Meine Leistungskurslehrer waren dafür das perfekte Beispiel. Mein Mathelehrer hat am Anfang zu uns gesagt, dass er die komplette Abiturvorbereitung mit uns im Unterricht macht und dass wir zu Hause nichts weiter als unsere Hausaufgaben machen müssen. Er hat sein Versprechen tatsächlich gehalten. Mein anderer Leistungskurslehrer hat nichts dergleichen am Anfang zu uns gesagt. Aus irgendeinem Grund war er häufig für mehrere Klassen gleichzeitig eingeteilt, sodass wir oft ohne ihn im Klassenraum saßen. So blieben große Teile der Abiturvorbereitung an uns hängen. Es war natürlich mehr Arbeit für mich, jedoch konnte ich am Ende nicht auf meinen Lehrer zeigen und ihn für meine Ergebnisse verantwortlich machen. Ich habe die Verantwortung übernommen und mich so gut es ging unabhängig von meinem Lehrer aufs Abitur vorbereitet. Dieser Weg hat mehr selbstständiges Arbeiten erfordert, sich allerdings letztendlich ausgezahlt.

Tipp Nr. 2: Mache dir bewusst, dass du deine Ergebnisse bringst.

Der letzte Punkt ist einfach, aber wichtig. Du musst dich dazu entscheiden, Verantwortung zu übernehmen. Wenn wieder eine Situation kommt, an der du gerne die Schuld auf andere schieben würdest, entscheidest du dich für die Dinge in deinem Einflussgebiet Verantwortung zu übernehmen.

Tipp Nr. 3: Entscheide dich, Verantwortung zu übernehmen.

Fragen zum Nachdenken

- Wo schiebe ich gerne die Schuld auf Umstände oder andere Menschen?

_____

_____

_____

_____

- Wie kann ich dafür Verantwortung übernehmen?

_____

_____

_____

_____

_____

Schritt 2: Setze dir Ziele

Ziele, der Grund für Motivation?

Ein leistungsschwächerer Mitschüler von mir hat von dem einen auf den anderen Tag angefangen unheimlich viel für die Schule zu machen. Bei näherem Hinsehen habe ich festgestellt, dass er Pilot werden wollte und ihm bewusst wurde, dass er dafür ein gutes Abitur braucht, welches er dann letztendlich auch gemacht hat. Was hat ihn so stark motiviert bzw. angetrieben? Meiner Meinung nach ganz klar das Ziel vor seinen Augen. Er wollte Pilot werden. Das hat ihn so stark motiviert, dass er von dem einen auf den anderen Tag angefangen hat, viel für die Schule zu machen. Streng genommen ist es nicht das Ziel, sondern das „Warum" hinter dem Ziel, der Grund, warum du das Ziel erreichen möchtest, was einen so motiviert.

Das „Ziele setzen" kann man auch viel spezifischer auf jedes einzelne Fach anwenden. Ich war z.B. schon in der Grundschule schlecht in Englisch. Mir wurde häufig gesagt, dass ich einfach nicht sprachbegabt bin und ich habe mich hinter dieser Entschuldigung versteckt. Als ich älter wurde habe ich die Leidenschaft fürs Programmieren entdeckt. Die meisten Foren und Anleitungen sind auf Englisch, sodass ich gezwungenermaßen anfangen musste Englisch zu lernen. Ich habe es nicht mit Buch und Vokabelheft gelernt, sondern indem ich stundenlang Videos und Texte konsumiert habe. Mein Ziel war es programmieren zu lernen. Um das zu schaffen, musste ich eben Englisch können. Anfangs habe ich mir da sehr schwer getan, aber mit der Zeit ist es mir zum Teil gar nicht mehr aufgefallen, wenn etwas in Englisch geschrieben wurde.

Die gleiche Erfahrung habe ich in Fächern wie Geschichte gemacht. Ich habe nicht viel von Geschichte gehalten. Es war einfach ein Fach, das mich langweilte und bei dem ich mir die Jahreszahlen nicht merken konnte. Irgendwann habe ich aber entdeckt, dass sich Teile aus der Geschichte heute wiederholen. So kann man den Ausgang von aktuellen Geschehnissen besser einschätzen und muss nicht die gleichen Fehler wiederholen. Dieses Wissen hat mich so stark motiviert, dass ich sehr viel mehr von Geschichte mitnehmen konnte.

Wenn du ein Ziel mit einem Grund hast, der dir wichtig ist, hast du sehr wahrscheinlich mehr Motivation als wenn du gar nicht wirklich weißt, warum du etwas überhaupt machst.

Warum du dir Ziele setzten solltest

Ein guter Freund von mir ist Personal Trainer und er hat mir gesagt, dass das "Ziele setzen" eines der ersten Dinge ist, die er mit seinen Kunden macht. Wenn sie nämlich kein wirklich greifbares Ziel vor Augen haben, gepaart mit einem starken „Warum", hören sie irgendwann früher oder später auf zu trainieren, weil sie nicht mehr wissen, für was sie es machen. Ohne das „Warum" kommen sie nicht durch die harten Phasen des Trainings. Genauso ist es auch mit der Schule. Ziele mit starkem „Warum helfen dir immer zu wissen, warum du in die Schule gehst.

Grund Nr. 1: Du weißt, wofür du in die Schule gehst.

Wie wir schon bei meinem Klassenkameraden gesehen haben, kann das „Warum" hinter einem Ziel einen motivierenden Einfluss auf dich haben. Du möchtest etwas erreichen und arbeitest auf diesen Moment hin. Wenn du dann ein Ziel erreichst, kann das wieder einen motivierenden Einfluss haben, weitere Ziele zu erreichen.

Grund Nr. 2: Die Gründe für deine Ziele können dich motivieren.

Ein letzter großer Vorteil vom „Ziele setzten" ist die Messbarkeit deines Erfolges, solange du dir deine Ziele auch messbar gesetzt hast. Messbare Ziele helfen dir, deine Ergebnisse daran zu messen. Du siehst, wie nah oder fern du deinem Ziel bist.

Grund Nr. 3: Messbare Ziele machen deinen Erfolg messbar.

Wie du dir Ziele setzen solltest

Hier bekommst du 4 Punkte, wie du dir Ziele stecken solltest:

1. Zuerst solltest du klären, was du erreichen möchtest (Lutter, 2020). Hierbei solltest du darauf achten, dass du dein Ziel auch tatsächlich messen kannst (Lutter, 2020). Ein Beispiel für ein nicht messbares Ziel wäre: „Ein ganz guter Schulabschluss". Schreibe genau auf, welchen Abschluss und Schnitt du erreichen möchtest und welche Noten du dafür brauchst, damit du immer einen Anhaltspunkt hast, ob du dich noch auf dem Weg befindest. Mache dein Ziel nicht zu

komplex, sondern formuliere es in einfachen Worten sehr genau.

2. Wichtig ist auch das „Wann" (Lutter, 2020). Ein Ziel ohne zeitliche Begrenzung neigt dazu, nie erreicht zu werden. Schaue, dass du deine Ziele realistisch hältst (Lutter, 2020). Stecke deine Ziele hoch, allerdings nur so hoch, dass du es auch schaffen kannst. Unrealistische Ziele sind sehr demotivierend.

3. Eine richtige Antriebskraft ist, wie wir gesehen haben, das „Warum". Warum möchtest du dein Ziel erreichen? Wenn du klärst, warum du dein Ziel erreichen willst, findest du deine wirkliche Motivation. Wenn du ein starkes „Warum" hast, ist dein Ziel auf einem stabilen Fundament. Wenn du dich nach deinem „Warum" fragst, kann es sein, dass du manche Ziele aussortierst, weil sie dir eigentlich gar nicht wichtig sind. Teilweise passiert das, wenn du einfach Ziele anderer Menschen kopierst. Es gibt Ziele, die man verfolgen sollte, einfach, weil es richtig und gut ist, auch wenn man kein starkes Warum dafür hat. Vielleicht ist dir die Schule momentan gar nicht wichtig, du weißt einfach nicht, wofür du es machst. Du hast kein starkes „Warum". Trotzdem ist es gut, sich Ziele zu setzen und sein Bestes zu geben. Du weißt nie, was nach der Schule kommt und wenn man gut in der Schule wird, lernt man so viele Fähigkeiten, die einem im späteren Leben so viel helfen, wie zum Beispiel Disziplin. Auch wenn das „Warum" echt wichtig ist, ist es auch sehr gut, rational Ziele zu verfolgen, einfach, weil es richtig ist.

4. Jetzt kommt noch das „Wie". Das ist sehr wichtig, denn wenn du keine genaue Vorstellung hast, wie du dein Ziel erreichen willst, ist es schwierig Erfolge zu sehen. Dein

„Wie" kann natürlich auch mit der Zeit angepasst werden. Es bedeutet, dass du dir konkrete Handlungen vornimmst. Diese bringen dein Ziel mehr in deinen Alltag. Es kann auch bedeuten, dass du dir bei größeren Zielen Zwischenziele setzt.

Nimm dir jetzt ruhig Zeit, dir Ziele zu setzen. Ich habe manchmal Probleme damit gehabt, Ziele auf Knopfdruck für mein Leben zu finden. Lass dir also den Freiraum, deine Ziele auch zu verändern und nimm dir die Zeit, über sie nachzudenken. Sinnvoll ist es natürlich, wenn du dir für jedes Fach, in dem du schlecht bist, ein Ziel steckst. Am besten hat das bei mir geklappt, wenn ich mir ein außerschulisches Ziel für ein schulisches Fach gesteckt habe. Genauso wie ich es mit Englisch oder Geschichte schon gezeigt habe.

Wichtig ist auch, dass du dir deine Ziele schriftlich aufschreibst und an einen Ort hängst, wo du sie regelmäßig siehst, um daran erinnert zu werden.

Hier möchte ich dir eine Methode vorstellen, die dich auf Kurs halten soll. Ich habe sie ZAK getauft.

Ziel → **A**rbeit → **K**ontrolle

Zuerst steckst du dir dein Ziel. Die Prinzipien dazu habe ich oben schon beschrieben. Wenn das passiert ist, arbeitest du daran, dieses Ziel zu erreichen und zu guter Letzt kontrollierst du, ob du noch auf dem richtigen Kurs bist. Dieser Schritt der Kontrolle ist sehr wichtig, weil du dadurch frühzeitig erkennst ob du dich noch auf dem richtigen Weg befindest. Dokumentiere also deinen Fortschritt, kontrolliere ihn regelmäßig und korrigiere deinen Kurs wenn nötig. Das Ergebnis deiner Kontrolle ist ein Feedback und du solltest es auch als solches annehmen und nach der gelernten Methode vom Kapitel „ Wie du mit Fehlschlägen umgehen solltest" (s.S. 11) auswerten. Lass dich nicht runter ziehen, wenn mal eine Woche nicht ganz so gut läuft.

Die Periode deiner Kontrolle ist ganz stark von deinem Ziel abhängig. Es gilt, dass man sie so lange wählen sollte, dass man auch Ergebnisse bewerten kann, und so kurz, dass man sie auch macht und frühzeitig reagieren kann.

Bleib, was deine Ziele und deren Umsetzung angeht, auf ZAK!

Hier ein Beispiel dazu, wie so ein Ziel aussehen könnte und wie du dabei die ZAK-Methode anwenden kannst:

Ziel

Was: mündliche Note in Geschichte von 3 auf 2

Wann: Ende des Halbjahres (genaues Datum)

Warum: Ich möchte mutiger sein, weil es mich nervt gute Aussagen aus Angst zurückzuhalten.

Wie: - Da ich montags Geschichte habe (Beispiel), mache ich meine Hausaufgaben direkt am Montag um 14:00 nach dem Mittagessen. Mit guter Vorbereitung kann ich mich viel besser mündlich beteiligen.
- Ich melde mich, wenn es im Unterricht die Möglichkeit gibt meine Ergebnisse vorzutragen. Sollte ich die Hausaufgaben auch nach Informieren nicht geschafft haben, frage ich im Unterricht bei meinem/meiner LehrerIn nach.
- Ich lasse mich im Unterricht nicht ablenken.
- Es ist nicht peinlich mich zu melden und ich setze mir das Ziel, es mindestens zweimal pro Unterrichtseinheit zu machen. Sollte

ich keine richtigen Antworten sondern Fragen haben, melde ich mich auch und das zählt auch.

Diesen Zettel hängst du dir jetzt an einen markanten Ort. Am besten machst du dir auch ein Foto und schaust dir vor allem das „Wie" vor jeder Geschichtsstunde nochmal an.

Zudem nimmst du dir einmal pro Woche an einem festen Termin die Zeit zu kontrollieren, ob du noch auf Kurs bist, also ob du deine Ziele diese Woche umgesetzt hast und überlegst, was du verbessern kannst.

Vielleicht denkst du jetzt, dass das doch extrem viel Arbeit ist, sich in jedem Fach Ziele zu setzten und daran zu arbeiten. Aufwand ist es sicher, jedoch kannst du z.b. ein Ziel wie aus dem obigen Beispiel leicht auch auf andere Fächer übertragen. Wichtig ist, dass du anfängst, dir Ziele zu setzen. Nimm dir anfangs nicht zu viel vor. Dann kann es nämlich passieren, dass man seine Ziele wegen der Fülle nicht umsetzt. Du kannst später immer noch die Anzahl der Ziele erweitern. Sollte dir mal etwas dazwischenkommen und du kannst z.B. wirklich nicht deine Hausaufgaben an dem geplanten Termin machen, wählst du dir direkt einen Ausweichtermin. Gerade am Anfang solltest du aber darauf achten, dass nicht so viel dazwischen kommt, damit eine Gewohnheit entsteht.

Fragen zum Nachdenken

Die folgenden Fragen sollen dir dabei helfen, dein „Warum" für die Schulfächer zu finden.

- Was macht mir wirklich Freude im Leben?

_____

_____

_____

- Was sind meine beruflichen Vorstellungen?

_____

_____

- Welchen außerschulischen Nutzen habe ich von der Schule?

_____

_____

- Was bringen mir die verschiedenen Fächer außerschulisch?

_____

_____

_____

Schritt 3: Ändere deine Einstellung

Deine Emotionen

Freude an der Schule bekommen, das scheint in manchen Köpfen vermutlich eine große Herausforderung zu sein und das ist verständlich. Wenn du dir Ziele mit starken „Warums" gesetzt hast, bist du schon einen sehr guten Schritt in die richtige Richtung gegangen, mehr Sinn hinter Schule zu sehen. Es gibt aber auch Phasen, in denen wir keine Lust haben oder Schule vielleicht auch anstrengend ist. Vielleicht ist das bei dir nicht nur eine Phase, sondern ein lästiger Dauerzustand.

Schlechte Gefühle und Motivationslosigkeit wollen uns runterziehen, aber das muss uns nicht zum erliegen bringen. Es gibt die Möglichkeit, mehr Freude an der Schule zu bekommen. Wie das geht, schauen wir uns an.

Lass uns kurz etwas ausholen. Vermutlich kennst du folgende oder ähnliche Situation: Ihr sitzt als Klasse vor dem Raum, in dem ihr jetzt als nächstes Unterricht haben solltet. Euer/Eure LehrerIn fehlt. Die einen von euch werden ungeduldig und schimpfen auf die Organisation der Schule. „Sie hätten uns ja mal früher Bescheid geben können." „Wahrscheinlich hat er/sie kein Bock auf uns und ist einfach nach Hause gegangen" Die anderen denken etwas positiver: „Vielleicht gab es einen Notfall", oder: „Vielleicht gab es Stau am Kopierer". Jeder aus deiner Klasse ist mit der gleichen Situation konfrontiert, aber die Reaktionen auf die Situation können unterschiedlich sein. Dasselbe gibt es ja auch in Bezug auf Schule. Vielleicht besuchen zwei Personen dieselbe Schule in derselben Klasse mit denselben LehrInnen und die eine Person geht gerne in die Schule und die andere nicht. Woher kommt das?

Lass uns daher kurz anschauen, wie Emotionen entstehen:

Stelle dir mal eine beliebige Situation vor, die du erlebt hast. Dein Gehirn interpretiert diese Situation und so entsteht eine Emotion (Peurifoy, 1993, S. 72). Ein Teil unseres Gehirns bewertet die ganze Zeit die Ereignisse, die uns passieren und vergleicht sie mit unseren Wünschen und Bedürfnissen (Peurifoy, 1993, S. 74). Werden diese befriedigt, gibt es Gefühle wie Freude oder Genugtuung (Peurifoy, 1993, S. 74). Gibt es einen Verlust, verspüren wir z.b. Niedergeschlagenheit oder Trauer (Peurifoy, 1993, S. 74). Wenn z.b. ein Bedürfnis befriedigt, ein anderes frustriert wird, entstehen gemischte Gefühle (Peurifoy, 1993, S. 74-75). Das kann z.b: der Fall sein, wenn du mit deiner Freundin eine Gruppenarbeit machen sollst, sie aber sehr unzuverlässig ist. Du freust dich vielleicht, weil du mit deiner Freundin arbeiten darfst, jedoch nervt dich ihre Unzuverlässigkeit.

Spannend ist aber Folgendes. „Der Prozess der Interpretation, der schließlich [deine] Gefühle entstehen lässt, stützt sich auf eine Kombination eingefahrener Denkmuster und innerer Überzeugungen" (Peurifoy, 1993, S. 76). Wie wir die Ereignisse um uns herum interpretieren, hat also einen großen Einfluss auf unsere Emotionen. Wir dürfen also die Ereignisse manchmal neu interpretieren. Wie das geht, schauen wir uns gleich an.

Zu allererst klärt man, ob man nicht auch eine tatsächliche Veränderung des Problems vornehmen kann (Riedel et al., 2008, S. 174). Motivationslosigkeit z.B. kann auch ein Zeichen sein, dass man etwas verändern sollte. Wenn du z.B. später im Berufsleben einen Job ausübst, der so gar nicht zu dir passt und dir absolut keinen Sinn bietet, kann das so ein Fall sein. Es geht auf der einen Seite darum, Schlechtes zu verändern und auf der anderen Seite darum, nicht vor jedem Problem davonzulaufen.

Also nochmal kurz zusammengefasst. Du erlebst etwas, interpretierst es und demnach erhältst du eine Emotion (Peurifoy 1993, S. 74).

Schule ist nicht von Grund auf negativ, es gibt tatsächlich Menschen, die gerne dort hingehen und du kannst das auch erreichen, wenn es nicht schon der Fall ist.

Wie interpretiere ich neu?

Es gilt nun negative Einstellungen, negative Interpretationen, in positive zu verwandeln, die Ereignisse, die wir erleben, positiv zu sehen. Dazu muss sich also unsere Einstellung den Ereignissen gegenüber verändern.

Gerade auch bei Situationen, die man nicht verändern kann kann man sehr gut mit der Einstellung arbeiten (Riedel et al. 2008, S. 172).

Ich bin fest davon überzeugt, dass eine Entscheidung wichtig ist. Du musst dich dazu entscheiden, eine positive Einstellung zu haben.

Jetzt versuchst du immer, wenn dir Ereignisse passieren, die du nicht verändern kannst, eine positive Einstellung dazu zu bekommen (Riedel et al., 2008, S. 172). Das hat nichts mit Schönreden zu tun, solange du dich nicht selbst belügst. Natürlich gib es schlechtes, was uns geschieht, aber es geht darum, dich gut dazu einzustellen. Es kann dir helfen, dich zu fragen, was es Gutes an der Situation gibt oder wofür du an der Situation dankbar sein kannst. Deine Gewohnheit, in manchen Bereichen negativ zu denken, wird es dir am Anfang vermutlich schwer machen deine Einstellung zu ändern, aber umso länger du es durchziehst, umso einfacher wird es bis zu dem Punkt, an dem du automatisch positiv denkst. Mache dir die Themen bewusst, die dir schwer fallen und versuche etwas Positives daran zu finden.

Auch auf eine Situation wie Mobbing lässt sich das anwenden. Auch wenn Mobbing absolut ekelhaft und einfach nur schlimm ist, kann man als Person, die gemobbt wird, versuchen, etwas Positives an der Situation zu finden. Das klingt beim ersten Mal vermutlich extrem komisch, ist aber ein kräftiges Werkzeug. Die Person kann sich zum Beispiel jeden morgen darauf freuen zu lernen, dass ihr Wert nicht von der Meinung anderer abhängt. Sie kann sich darauf freuen, heute persönlich zu wachsen, indem die Person nicht mit Gewalt reagiert, wenn ihr Gewalt entgegengebracht wird, sowohl körperlich, als auch verbal. Wie gesagt, Mobbing ist absolut schlimm und ich empfehle jedem, sich in solcher Situation Hilfe und evtl. auch professionelle Hilfe zu holen.

Hier mal ein kleines Beispiel. Du liegst morgens im Bett und dein Wecker hat geklingelt. Deine erste Reaktion ist negativ. Du hast keine Lust auf die Schule. Am liebsten würdest du einfach liegen bleiben. Und dann ist da noch die Präsentation, die du heute halten musst. Jetzt bist du gefragt. Du entscheidest dich jetzt, dich positiv dazu einzustellen. Du bist dankbar, dass du dich heute in der Fähigkeit des Präsentierens üben darfst oder du bist dankbar über das Wissen, dass du heute erlernen darfst, usw. Die negativen Gefühle und Gedanken lässt du jetzt aktiv nicht mehr zu und der Wecker wird nicht mehr auf Snooze gestellt :). Wichtig ist, dass du dabei nicht mit dir diskutierst. Negatives hat da keinen Platz mehr.

Es kommt vor, dass manche Menschen sich häufig sagen, sie würden etwas nicht schaffen, wenn sie etwas neues ausprobieren. Ich finde es wichtig in solchen Fällen positiv an die Sache heran zu gehen. Es ist gut, wenn du dir etwas zutraust, aber du musst das ja nicht jedem unter die Nase reiben. Mache dir bewusst, dass dein Wert nicht an deinen Leistungen hängt. Es ist nicht schlimm, wenn du mal nicht das schaffst, was du als Wunsch geäußert hast. Natürlich gibt es Dinge, die wir noch nicht können oder einfach noch nicht probiert haben und daher gar keine feste Aussage darüber treffen können, ob wir es können oder nicht Da müssen wir uns nicht belügen, aber wir können bestimmen, wie wir da dran gehen. Auch hier gilt es, die negative Einstellung, den negativen Gedanken durch z.B. einen der folgenden positiven auszutauschen: „Ich habe es zwar noch nicht ausprobiert, aber ich werde mein allerbestes geben und bin gespannt, was rauskommt" oder „Das Ziel, was ich mir gesteckt habe ist keinesfalls unerreichbar. Ich habe einen guten Plan und werde es bestimmt erreichen". Diese Sätze nennt man auch rationale innere Dialoge (Peurifoy, 1993, S. 103).

Es mag jetzt vielleicht etwas komisch klingen, aber gute Emotionen sind nicht das einzige im Leben. Hüte dich davor, zu großen Wert auf deine Emotionen zu legen. Emotionen kommen und gehen. Diese Tipps sollen dir mehr helfen grundsätzlich eine positivere Einstellung zum Leben zu bekommen.

Fragen zum Nachdenken

- Wo enge ich mich ein, indem ich schlecht über mich denke?

_____

_____

_____

_____

- Wie könnte ich dort positiv interpretieren?

_____

_____

_____

_____

_____

_____

Schritt 4: Bleib am Ball

Was bedeutet das?

Dieser Spruch ist dir sicher bekannt und kommt aus dem Ballsport. In der Schule wird damit oft davor gewarnt, abgehängt zu werden. Ich hoffe du erkennst in diesem Schritt die Schönheit des „am Ball Bleibens", aber jetzt eine Verdeutlichung des Satzes. Stell dir einmal Folgendes vor: Du spielst Fußball mit deiner Mannschaft und hast den Ball vom Torwart bekommen. Dein Ziel ist es, den Ball in das gegnerische Tor zu befördern. Vielleicht fängst du an zu dribbeln. Anfangs klappt das vielleicht auch reibungslos, doch dann kommt dir der erste Gegenspieler entgegen. Du hast zwei Optionen: Entweder du passt zu einem Mitspieler oder du dribbelst den Gegenspieler aus. Wichtig ist, dass deine Mannschaft am Ball bleibt und ihn nicht verliert. So könnt ihr euch zum Tor vorarbeiten, um dann im richtigen Moment den Torschuss zu wagen. Naja, beim Fußball erscheint uns das logisch und ich denke in der Schule auch. Nur da macht es vielleicht nicht immer so viel Spaß „am Ball zu bleiben". Auf die Schule bezogen heißt am Ball bleiben, dass du den Stoff aus dem Unterricht, den du nicht verstehst, zuhause wiederholst bzw. nachfragst oder dir anderweitig weiterhilfst. Es geht darum, im Stoff nicht abgehängt zu werden, quasi keinen Ballverlust zu riskieren, um dann auch mit einer höheren Wahrscheinlichkeit ein Tor zu erzielen, also gut für seine Leistungen belohnt zu werden.

Warum am Ball bleiben?

Nun, die meisten von uns werden schon gewusst haben, was der Satz bedeutet. Ich hoffe du erkennst in diesem Abschnitt, warum sich die Disziplin auszahlt. Wenn deine Mannschaft viele Ballverluste erleidet, steigt die Wahrscheinlichkeit auf Gegentore. Die sind unschön und dann musst du mit deiner Mannschaft umso mehr arbeiten um wieder in Führung zu gelangen. Das kann Druck und Stress erzeugen. Auf die Schule kann man es folgendermaßen übertragen: Wenn du von Anfang an den Stoff nacharbeitest, den du nicht verstehst, musst du vor den Klassenarbeiten nicht so viel aufarbeiten. Und wenn du vor den Klassenarbeiten das Nacharbeiten nicht sauber machst oder einfach die Zeit nicht dazu hast, weil du zu spät anfängst, kann es sein, dass du das Spiel verlierst und wenn ihr als Mannschaft regelmäßig verliert, schneidet ihr in der Saison schlechter ab ..., bedeutet für dich: Wenn du regelmäßig schlechte Noten bekommst, zieht das deinen Schnitt stärker runter. Deine schulische Laufbahn wird durch konstanten Ballkontakt gleichmäßiger und entspannter und genau das ist so genial. Wenn du kontinuierlich arbeitest bei den Dingen, die du nicht verstehst, können Wochen mit vielen Klassenarbeiten entspannter sein.

Außerdem ist es einfacher, sich mündlich zu beteiligen, wenn dir der Stoff bekannt ist und du ihn verstanden hast. Das bedeutet nicht, dass du alles vorarbeiten musst, sondern dich damit beschäftigst, wenn du den Stoff auch im Unterricht hast. Natürlich sind aber auch Fragen eine gute Möglichkeit sich mündlich zu beteiligen.

Wie bleibe ich am Ball?

Wir wollen uns jetzt anschauen, wie man am Ball bleibt und wie man auch Wissenslücken stopfen kann.

Wenn neue Themen im Unterricht beginnen, nimm dir Zeit und stelle sicher, dass du sie verstanden hast. Das erfordert Disziplin, die sich aber auszahlt. Wenn dir nach der Stunde auffällt dass du etwas nicht verstanden hast, dann kannst du am Anfang der nächsten Stunde proaktiv (also aus eigenem Antrieb) auf deinen/deine LehrerIn zugehen bzw. dich melden und fragen. Das zeigt, dass du dich mit dem Thema auseinandergesetzt hast. Es kann auch deinen MitschülerInnen helfen, sich nochmal in die Problemstellung hineinzudenken. Vielleicht haben sie ja die gleichen Fragen und trauen sich nur nicht, sie zu stellen. Es geht also darum, den nicht verstandenen Stoff so nachzuarbeiten, dass man immer auf dem Laufenden bleibt.

Aber was tun, wenn man Lücken aus der Vergangenheit hat? Achte darauf, dass du dir immer Notizen machst, wenn dir etwas im Unterricht auffällt, das du nicht verstehst oder einfach nicht läuft, um es dann nach zu arbeiten. Das mag am Anfang echt viel sein, auf lange Sicht lohnt es sich aber. Und keine Angst, irgendwann wird es dann auch wieder weniger, was du nachholen musst. Es ist auch überhaupt nicht schlimm, Nachhilfe zu nehmen. Sie kann dir helfen deine Lücken zu stopfen.

Fragen zum Nachdenken

- Wo bin ich momentan am Ball?

_____

_____

_____

_____

- Wo habe ich Lücken, die ich jetzt schon kenne?

_____

_____

_____

_____

- Wie kann ich diese aufarbeiten?

_____

_____

_____

_____

_____

Schritt 5: Nutze deine Zeit

Die Zeit, dein höchstes Gut

Wer kennt das nicht? Man sitzt den ganzen Nachmittag am Schreibtisch und hat „gelernt". Am Abend geht man ins Bett und denkt sich, dass man eigentlich nichts gemacht hat. Man hat zwar viel Zeit investiert, jedoch hat man sie nicht sehr produktiv genutzt. Als Schüler habe ich häufig das Gefühl gehabt, dass ich nicht sehr bewusst mit meiner Zeit umgegangen bin. Mich hat es irgendwie unglücklich gemacht, wenn ich wusste, dass ich eigentlich mehr hätte schaffen können, bzw. die wichtigen Aufgaben wieder auf den nächsten Tag verschoben habe. Auf der anderen Seite war ich sehr glücklich, wenn ich meine Zeit genutzt habe und meine Aufgaben erledigen konnte. Deshalb widme ich diesen Schritt dem Umgang mit der Zeit. Es geht jedoch nicht nur um den Umgang mit Zeit sondern auch darum, wie du produktiver wirst.

Warum du lernen solltest, deine Zeit zu nutzen

Zum einen sollte uns bewusst werden, dass jeder Mensch nur 24 Stunden am Tag hat. Zum anderen sollte uns klar werden, dass die Zeit vergeht, egal was wir tun. Jeder Mensch hat nicht unendlich von der Resource Zeit. Er muss sich die Zeit, die er hat, einteilen. Wir können Zeit nicht speichern oder für einen späteren Zeitpunkt aufbewahren. Jede Sekunde, die wir leben dürfen, wird direkt investiert und verbraucht. Das einzige, was wir beeinflussen können, besteht darin, was wir mit der Zeit anfangen. Deshalb ist es wichtig, den richtigen Umgang mit unserer Zeit zu finden. Es geht nicht darum, ab jetzt nur noch zu lernen, sondern vielmehr darum, die Zeit, die wir ins Lernen investieren, so effektiv wie möglich zu nutzen, um dann auch noch Zeit für Hobbys und andere Dinge zu haben. In der Vergangenheit habe ich SchülerInnen getroffen, die sehr viel Zeit in die Schule investiert haben, aber trotzdem keine guten Leistungen erzielten. Meistens war der Grund dafür ein schlechtes Zeitmanagement. Sie haben die Zeit, die sie ins Lernen investiert haben, vielleicht nicht so produktiv genutzt, wie es möglich gewesen wäre. Die SchülerInnen hätten sich so viel Zeit und Ärger ersparen und zusätzlich sogar noch besser abschneiden können, wenn sie mit ihrer Zeit besser umgegangen wären. Natürlich gibt es aber auch unterschiedliche Menschentypen, die unterschiedlich lange brauchen, bis sie etwas verstehen. Das darf man natürlich nicht vergessen.

Eine Sache ist mir während der Schulzeit klar geworden. Wenn man etwas lernen will oder muss, dann muss man dafür Zeit investieren. Wann und wo man diese investiert, ist egal. Wir verbinden mit Lernen leider meistens einen hohen zusätzlichen Zeitaufwand und vergessen dabei, dass es eigentlich auch um die Qualität der Zeit geht, die wir investieren. Du kannst genauso gut die Zeit, um etwas zu lernen, auch im Unterricht schon investieren. Wenn du den Unterricht sehr produktiv nutzt, also gut zuhörst, Fragen stellst, wenn du etwas nicht verstehst usw. musst du nachmittags nicht so viel Zeit investieren. Ich persönlich habe mich bemüht, den Unterricht so gut es geht zu verwerten und so viel wie möglich schon dort zu verstehen. Nachmittags hatte ich dann nur noch die Hausaufgaben und konnte so mit geringem Zeitaufwand fertig werden. Wenn du hingegen im Unterricht abgelenkt bist, hast du nachmittags mehr zu tun, um am Ball zu bleiben.

Wie du produktiver wirst

Ich gebe dir jetzt meine drei besten Tipps, damit du deine Zeit effektiver ausnutzen kannst, um mehr Zeit für andere Dinge zu haben.

Wenn du anfängst dich nur auf eine Sache zu konzentrieren, kannst du effektiver arbeiten. Natürlich mag es dem einen oder anderen gelingen, z.b. gleichzeitig zu telefonieren und zu kochen. Mit dem Lernen ist das aus meiner Erfahrung anders. Wenn du etwas für die Schule lernst, entferne alle Störungen und konzentriere dich für eine bestimmte Zeit voll auf die Aufgaben. Wenn diese Zeit vorbei ist, hast du dann zwei Vorteile. Zum einen hast du dich wirklich mit dem Stoff auseinandergesetzt und gelernt. Zum anderen kannst du jetzt ohne schlechtes Gewissen deinen Freizeitaktivitäten nachgehen. Versuche also die Zeit, in der du lernst, so störungsfrei wie möglich zu halten. Man braucht, nachdem man aus seinem Workflow gerissen wurde, durchschnittlich ca. 23 Minuten, bis man wieder im Workflow ist, wenn die Unterbrechung nicht zum Thema ist (Pattison, 2008). Wenn du eine Unterbrechung erlebst, die von deiner Seite nicht viel Denkleistung benötigt, wie z.B. eine Unterschrift, die du geben sollst, braucht es nicht so lange, bis man wieder voll im Thema ist (Pattison, 2008). Am gleichen Tag werden ca 82% der unterbrochenen Arbeit wieder aufgeholt, jedoch erzeugen die Unterbrechungen mehr Stress und Frustration (Pattison, 2008). Wenn die Störung zum Thema ist, kann sie sogar hilfreich sein (Pattison, 2008).

Störungen können dich deshalb sehr viel Zeit kosten. Konzentriere dich also nur auf eine Sache, außer du hast eine „Störung", die dich weiterbringt.

Tipp Nr. 1: Entferne Störungen und konzentriere dich nur auf eine Sache!

Ein weiterer wichtiger Punkt in der Produktivität ist die Organisation. Nur wenn du organisiert bist, kannst du deine Zeit effektiv einsetzen. Wie du dich organisierst, ob per Papier und Stift, App oder sonstigem Tool, ist an dieser Stelle egal. Jeder Mensch hat unterschiedliche Vorlieben, was die Organisation angeht. Probiere Verschiedenes aus und schaue, womit du am besten zurecht kommst. Lege klare Zeiträume am Tag fest, an denen du dich zu 100% auf die Schule konzentrierst. Wenn du weniger Zeit brauchst, als du dir vorgenommen hast, ist das natürlich gar nicht schlimm.

Tipp Nr. 2: Organisiere dich!

Was bringt der beste Plan, wenn wir uns nicht daran halten. Wir alle kennen es. Der Plan für den Tag steht, dennoch wollen wir irgendwie nicht und verschieben die Aufgaben. Jetzt also kurze Hilfen, wie du mehr Disziplin in deinen Alltag bekommst. Zum einen hilft es mir persönlich sehr gut, wenn ich meine Aufgaben in kleine Teilaufgaben zerlege. Ich schrieb also nicht nur auf, dass ich lernen muss, sondern noch welches Fach, Thema und am besten was genau. Somit hatte ich eine Liste, die ich abhaken konnte. Dann sah die große Aufgabe mehr wie kleine Happen aus. Dadurch ist die Hürde anzufangen kleiner.

Tipp Nr. 3: Zerlege deine großen Aufgaben in Teilaufgaben!

Aus meiner Erfahrung ist das größte Hindernis das Anfangen. Wenn wir mal mit einer Aufgabe beschäftigt sind, dann fällt es uns meistens nicht so schwer dabei zu bleiben. Fange also mit deinen Aufgaben an, bevor du es dir anders überlegst. Die Disziplin ist ein ständiges Ringen mit sich selber. Umso häufiger du es schaffst, desto leichter fällt es dir mit der Zeit.

Fragen zum Nachdenken

- Was raubt mir viel Zeit?

_____

_____

_____

- Was kann ich tun, um den Unterricht besser zu nutzen?

_____

_____

_____

- Wo kann ich ungestört arbeiten?

_____

_____

- Wann sind meine Zeiträume, an denen ich mich mit der Schule beschäftige?

_____

_____

_____

Schritt 6: Trau dich

Mit mehr Mut mehr Erfolg bei der mündlichen Note?

Dieser Schritt hat viel mit deiner mündlichen Leistung zu tun. Viele Menschen, die schüchtern sind, trauen sich einfach nicht, ihre Antworten vorzutragen. Viele trauen sich aber auch nicht, Fragen zu einem Thema zu stellen, vielleicht aus Angst, eine „dumme" Frage zu stellen. Dann muss man sich das, was man nicht verstanden hat, Zuhause erarbeiten oder man lässt es, was sich dann aber auch auf deine schriftlichen Leistungen auswirken kann.

Es gibt SchülerInnen, ich war auch so einer, die schriftlich gut sind und in manchen Fächern durch ihre schlechte mündliche Leistung eine schlechtere Gesamtnote bekommen. Das kann frustrierend sein. In diesem Schritt wollen wir uns anschauen, wie du mehr Mut bekommen, also deine Angst überwinden kannst.

Vielleicht hast du kein Problem mit dem Melden. Dann kannst du den Schritt einfach lesen und ihn dir für andere Situationen im Leben merken.

Warum ist Mut so wichtig?

Jetzt könnte man meinen, wenn ich schriftlich sehr gut bin und mich mündlich nicht traue, dann habe ich halt eine schlechtere Note, muss mich aber nicht quälen. Ja, das kann man machen. Aber das ist meiner Meinung nach langfristig unklug. Zum einen sind es wirklich verschenkte Notenpunkte. Zum anderen ist es auch für dein Privat- und Berufsleben nur vorteilhaft zu lernen, Angst vor dem Reden vor anderen abzubauen. Und ja, das geht. Dem einen fällt es schwerer, dem anderen leichter. Doch wie wir anfangs schon gesehen haben, ist die Schule, meiner Meinung nach, auch ein Ort um Fähigkeiten zu lernen. Das braucht manchmal Zeit, aber, da du sowieso in die Schule gehen musst, versuche doch, diese Zeit so gut wie möglich zu nutzen. Außerdem solltest du vorsichtig sein, deine mündliche Note zu stark zu vernachlässigen, weil es teilweise Fächer gibt, bei denen sie einen höheren Stellenwert hat, als deine schriftliche. Bei solchen Fächern kann es dann wirklich unschöne Auswirkungen auf deine Gesamtnote haben.

Wie baue ich meine Angst ab?

Angst ist erstmal grundsätzlich nichts Schlechtes, sondern „eine lebenserhaltende Emotion" (Riedel et al., 2008, S. 281). Jedoch kann es auch passieren, dass die Angst „ihren Bezug zur Realität verliert" (Riedel et al., 2008, S. 281). Es gibt berechtigte (ich nenne es im folgenden „schützende") und krankhafte (ich nenne es im folgenden „hemmende") Ängste (Riedel et al., 2008, S. 281). Natürlich stellt sich die Frage, wann eine Angst schützend, also nicht hemmend ist. Eine Angst ist dann schützend, wenn sie dich vor Bedrohungen angemessen warnt (Riedel et al., 2008, S. 280-281), wenn sie also Ihre schützende Funktion erfüllt.

Wenn du merkst, dass du Angst bekommst, achte zuerst auf deine Atmung. Das klingt im ersten Moment vielleicht komisch, ist aber sehr hilfreich. Grundsätzlich haben wir zwei Atemmöglichkeiten - die Brust- und die Zwerchfellatmung (Peurifoy, 1993, S. 37). Du kennst sicher den Ratschlag in stressigen Momenten erstmal tief durchzuatmen. Zwerchfellatmung erzeugt Entspannung (Peurifoy, 1993, S. 41). Um das Ganze mal auszuprobieren und zu üben, wenn es noch nicht so gut läuft, legst du dich am besten auf den Rücken und legst eine Hand auf deinen Bauch oberhalb des Nabels. Jetzt versuchst du so zu atmen, dass deine Hand sich hebt und senkt, ohne dass sich dein Brustkorb zu stark auf und ab bewegt. Wenn es dir gelingt, wird sich deine Hand heben und senken (Peurifoy, 1993, S. 50). Achte darauf, nicht deine Bauchmuskeln zu benutzen. Das kannst du zum Üben jeden Tag häufiger wiederholen. Beherrschst du die Zwerchfellatmung im Liegen, solltest du sie 2-3 mal täglich im Stehen üben (Peurifoy, 1993, S. 51).

Mache dir klar, wovor du genau am meisten Angst hast (Lukas & Wurzel, 2015, S. 127). „Ich habe Angst mich zu melden" wäre zu ungenau. „Ich habe Angst, dass das, was ich sage, voll falsch ist, die anderen lachen und dadurch ein für mich peinlicher Moment entsteht", ist genauer. Die Angst vor dem Melden ist, meiner Meinung nach, ganz häufig die Angst vor einem sozialen Gesichtsverlust. Das bedeutet, du hast Angst vor anderen Menschen schlecht dazustehen. Ein sehr spannendes Phänomen ist, dass sich in Klassen und teilweise auch klassenübergreifend in der Regel gewisse Gruppen bilden, so meine Beobachtung. Ich nenne die Gruppen hier einfach mal „soziale Kreise". Es kommt selten vor, dass jemand wegen einer kleinen Peinlichkeit beim Melden direkt aus seinem sozialen Kreis rausfliegt. Dass andere soziale Umkreise sich darüber ein bisschen lustig machen, ja, aber du verlierst nur in den seltensten Fällen deinen sozialen Kreis. Vielleicht hilft dir der Gedanke, bei dem Umgang mit deiner Angst. Schreibe dir die Gedanken dazu ruhig auf. Nicht immer kann man ganz genau sagen, wovor man Angst hat, dass ist völlig in Ordnung, aber manchmal kann es helfen, sich darüber Gedanken zu machen.

Das leitet uns nämlich zum zweiten Schritt. Ich empfehle dir kurz zu analysieren, ob deine Angst schützend oder hemmend ist. Wenn du weißt, wovor du genau Angst hast, kannst du besser einschätzen, ob es eine hemmende oder eine schützende Angst ist. Rede da gerne, wenn nötig, auch mit Menschen deines Vertrauens darüber. Um herauszufinden, ob deine Angst wirklich schützend ist, kannst du auch „Was wäre wenn"-Fragen stellen. Dabei fragst du dich immer, was wirklich passieren würde, wenn das eintritt, wovor du gerade Angst hast. Daraus kann dann eine Kette entstehen (durch das Beispiel später wird es deutlicher). Versuche dabei sehr rational zu bleiben, also wenig Emotionen mit rein zu bringen. Als nächste Folge der „Was wäre wenn"-Frage nimmst du immer die Folge, die am wahrscheinlichsten eintritt. Dieses Prozedere hilft dir besser zu verstehen, ob die Situation wirklich so schlimm ist, wie du es dir vielleicht vorstellst. Das hilft bei der Beurteilung ob eine Angst hemmend oder schützend ist. Beim Melden wirst du vermutlich häufig (oder immer) zu dem Schluss kommen, dass deine Angst hemmend, ist.

Jetzt steigen wir ein bisschen in die Psychologie der Menschen ein, um die nun ermittelten, hemmenden Ängste richtig zu bekämpfen. Dieses Wissen ist echt phänomenal, wenn es um hemmende Ängste geht.

Wir Menschen bestehen aus unserem Körper, unserer Psyche und unserem Geist (Lukas, 2014, S. 18). Der Körper ist das, was wir jeden Tag im Spiegel betrachten können. Die Psyche ist der Ort, wo z.B. Emotionen herkommen und der Geist ist quasi unsere Steuerzentrale, in der wir rationale Entscheidungen treffen und unser Verständnis von Werten liegt (Lukas, 2014, S. 18). Mit dem Geist lassen sich z.b. Gedanken und Emotionen kontrollieren (Lukas, 2014, S. 22).

Hemmende Ängste (oder auch Erwartungsängste) entstehen durch ein negatives Erlebnis, vor dem du Angst hast, dass es wieder passieren wird (Lukas, 2014, S. 105). Es ist also eine Erwartungsangst (Lukas, 2014, S. 105). Ängste sind Emotionen (Riedel et al., 2008, S. 281) und sitzen daher in der Psyche (Lukas, 2014, S. 18). Wir gehen also mal davon aus, du bist eine Person, die Angst vor dem Melden hat. Du sitzt im Unterricht und möchtest dich melden. Deine Psyche erinnert sich also bewusst oder unterbewusst an ein Erlebnis aus der Vergangenheit, wo es z.B. schonmal peinlich geendet hat. Dein Puls steigt an und vielleicht bekommst du einen Schweißausbruch. Ein klassisches Beispiel, indem deine Psyche überreagiert. Jetzt kommt dein Geist ins Spiel. Du kannst nämlich in deiner Schaltzentrale entscheiden, ob du der hemmenden Angst nachgibst und dich nicht meldest oder ob du sie bekämpfst (Lukas, 2014, S. 25). Wie das geht, schauen wir uns jetzt an.

Ein wichtiges Hilfsmittel beim Kampf gegen hemmende Angst ist die paradoxe Intention (Lukas, 2014, S. 109). Wenn du dir diesen Abschnitt weiter durchliest, wird es vielleicht der Fall sein, dass du erstmal abwertend dazu reagierst. Ich lade dich trotzdem dazu ein, offen darüber nachzudenken. Die paradoxe Intention bedeutet, dass du dir das, wovor du Angst hast, sehnlich herbeiwünschst. So komisch es klingt, aber das ist wirklich eine sehr gute Methode im Kampf gegen hemmende Ängste „[D]as Minus der Furcht und das Plus des Wunsches neutralisieren einander auf Null" (Lukas, 2014, S. 109). Um die Paradoxe Intention anwenden zu können benötigst du drei Hilfsmittel, die wir uns im Folgenden anschauen werden (Lukas, 2014 S. 109).

1. **Trotzmacht des Geistes (Lukas, 2014, S. 109)**
   Du darfst dir bewusst machen, dass du deinen Ängsten trotzen kannst (Frankl, 2002, S. 93). Du darfst dir sagen „Ich muß mir nicht alles von mir selber gefallen lassen" (Frankl, 2002, S. 94).

2. **Selbstdistanzierung (Lukas, 2014, S. 109)**
   Sehe dich selbst nicht als deiner Angst ausgeliefert, sondern sei dir bewusst, dass du die Fähigkeit hast, deiner hemmenden Angst entgegenzutreten (Schechner & Zürner 2011, S. 42). Du kannst dich von deiner Angst distanzieren (Schechner & Zürner, 2011, S. 42).

3. **Humor (Lukas, 2014, S. 109)**
   Male dir die Situation, vor der du so viel Angst hast mit Humor aus (Lukas & Wurzel, 2015, S. 127-128). Dadurch

merkst du, dass die Realität gar nicht so schlimm ist, wie du denkst (Lukas & Wurzel, 2015, S. 129). Überlege dir, bevor du in die Situation kommst, vor der du Angst hast, wie du die Situation mit Humor auskleiden kannst. In der Situation wird es dir wahrscheinlich schwerer fallen dazu gute Ideen zu bekommen.

Jetzt gehst du durch die Angst hindurch, indem du dir die Folgen, die durch den Humor ja gar nicht mehr so schlimm sind, sehnlich herbeiwünschst. Durch die Angst hindurch zu gehen bedeutet, das, wovor du Angst hast auch wirklich zu tun, denn „[j]e häufiger ängstigende Situationen gemieden werden, desto weniger widerstandsfähig wird man gegen seine Angst" (Lukas, 2014, S. 105).

Versuche in dem ganzen Vorgang nicht zu sehr auf dein Gefühl, die Angst, zu achten, sondern die Schritte zu machen, egal was deine Gefühle sagen.

Lass mich das Ganze noch auf ein Beispiel anwenden:

Du weißt, dass du Angst davor hast, dich zu melden. Du schaust dir an, wovor du genau Angst hast (Lukas & Wurzel, 2015, S. 127) und bemerkst, dass du eigentlich Angst davor hast, dass du etwas Falsches sagst und deine MitschülerInnen dann lachen. Jetzt schaust du dir an, was die Folgen wären, wenn deine MitschülerInnen lachen, um herauszufinden, wie schlimm die Folgen wären und daraus schlussfolgern zu können, ob die Angst schützend oder hemmend ist. Du stellst „Was wäre wenn"-Fragen. Was wäre wenn meine Mitschüler lachen? - Ich würde vielleicht rot werden. Was wäre, wenn ich rot werde? - Ich empfinde Peinlichkeit. Was wäre, wenn ich Peinlichkeit empfinde? - In diesem Moment wäre es unangenehm, aber eigentlich passiert nicht viel weiter und außerdem habe ich mich einmal mehr gemeldet.

Du wendest die Zwerchfellatmung an, um ruhiger zu werden (Peurifoy, 1993, S. 41). Jetzt wendest du die drei Hilfsmittel an, um dich dann der paradoxen Intention (Lukas, 2014, S. 109) zu widmen. Du machst dir bewusst, dass du dir „nicht alles von [dir] selber gefallen lassen" (Frankl, 2002, S. 94) musst. Außerdem weißt du, dass du deiner Angst entgegentreten kannst (Schechner & Zürner, 2011, S. 42) und dazu entscheidest du dich. Jetzt stellst du dir, mit Humor ausgeschmückt, die gefürchtete Situation vor (Lukas & Wurzel, 2015, S. 127-128) und meldest dich. Zum Beispiel kannst du dir vorstellen, wie du völligen Murks erzählst und das ganz selbstsicher, sodass alle sprachlos auf ihren Stühlen sitzen.

Jetzt gehst du durch deine Angst hindurch. Es ist nicht immer mit dem ersten Mal getan. Versuche das jedes Mal anzuwenden, wenn du Angst vor dem Melden hast. Deine Angst wird dann immer kleiner, bis sie schließlich ganz verschwindet. Anfangs mag es ziemlich schwer sein, die Tools anzuwenden, aber es wird leichter, umso häufiger du es machst.

Ein weiterer hilfreicher Punkt, damit du auch wirklich dran bleibst und regelmäßig durch deine Angst hindurch gehst, ist, sich ein Ziel zu setzen (Schaue dazu gerne auch nach Schritt 2, S. 24). Du fängst an mit dem Ziel, dich z.B. einmal in der Stunde zu melden. Dieses Ziel ziehst du durch. Auch wenn es eine Frage ist, die du stellst. Umso häufiger du dich meldest, desto einfacher wird es in den meisten Fällen. Nach einer gewissen Zeit schraubst du die Anzahl hoch und meldest dich zweimal die Stunde. Wie lange du brauchst, um die Anzahl zu erhöhen, ist von Person zu Person unterschiedlich. Es ist in Ordnung in unterschiedlichen Fächern unterschiedlich schnell voran zu gehen. Versuche das Melden in der Stunde nicht unnötig lange vor dir herzuschieben. Falls du es trotzdem nicht geschafft hast, dich zu melden, überlege dir, ob du noch ein oder zwei Frage stellen könntest, z.B. falls du etwas nicht verstanden hast oder weil dich ein Thema tiefer interessiert. Dabei geht es jetzt aber mehr um stoffliche Fragen und nicht, welche Hausaufgaben ihr aufbekommen habt. Das zeugt in manchen Fällen eher dafür, dass man nicht zugehört hat und bestärkt einen schlechten Eindruck. Wenn du merkst, dass du weder eine Antwort auf die Fragen deines/deiner LehrerIn hast, noch dir selbst eine Frage einfällt und du den Anschluss ans Thema verloren hast, dann rate ich dir mit den Gedanken aus Schritt 4 „Bleib am Ball" (s.S. 38) deine Lücken zu füllen.

Fragen zum Nachdenken

- Welche Ängste habe ich, mich zu melden?

_____

_____

_____

- Wie kann ich hierbei die gelernten Methoden anwenden?

_____

_____

_____

- Welche Meldeziele möchte ich mir für die unterschiedlichen Fächer stellen?

Schritt 7: Belohne Dich

Was bedeutet das?

Dieser Schritt hängt mit Schritt 6 zusammen und bezieht sich vor allem auf deine mündliche Note.

Vielleicht kennst du die Situation. Du bekommst in Deutsch z.B. eine Analyse oder Inhaltsangabe auf und gibst dir Mühe sie zu machen. Dann sitzt du im Unterricht und der/die LehrerIn fragt, wer sein Ergebnis gerne vorlesen möchte. Dann meldest du dich nicht. „Belohne dich" bedeutet, dann auch die Belohnung für deine Arbeit abzuholen, Belohnung in Form von mündlicher Beteiligung und den eventuellen Verbesserungsvorschlägen. Auch wenn du nicht drangenommen wirst, hast du dich zumindest gemeldet, um dem/der LehrerIn zu zeigen, dass du es gemacht hast.

Warum belohnen?

Der/Die LehrerIn sieht, dass du deine Aufgaben machst und du hast dich einmal mehr gemeldet. Außerdem bekommst du für deinen Beitrag vermutlich Feedback von deinem/deiner LehrerIn und/oder deiner Klasse. Damit bekommst du gleich noch Ideen, was du beim nächsten Mal besser machen kannst und kannst somit aus deinen eigenen Fehlern lernen.

Für die Praxis

Hier geht es genau wieder um „Trau Dich" (Schritt 6, s.S. 47). Deswegen werde ich hier nicht mehr so genau darauf eingehen. Du kannst es auch als Anwendungsbeispiel sehen. Du schaust dir an, wovor du genau Angst hast (Lukas & Wurzel, 2015, S. 127) und überlegst dir, was das Schlimmste wäre, das dir passieren kann, wenn die gefürchtete Situation eintritt um zu sehen, ob es eine schützende oder hemmende Angst ist. Auch hier wirst du vermutlich häufig (wenn nicht sogar immer) zu dem Schluss kommen, dass es eine hemmende Angst ist. Wir nehmen an, du hast Angst davor, dass du Blödsinn geschrieben oder unbewusst deinen Fokus im Text voll auf die falschen Punkte gelegt hast. Das Schlimmste, was realistischerweise eintreten könnte ist, dass die KlassenkameradInnen vielleicht ein bisschen lachen oder etwas irritiert blicken. In der Regel wird das Auslachen mit den höheren Klassen weniger und wenn du die Situation etwas lockerer nimmst, kannst du ja vielleicht mitlachen, wenn wirklich ein grober Patzer in deinem Text sein sollte. Mehr wird ziemlich sicher nicht passieren und du hast daran gearbeitet, deine Angst abzubauen. Du hast also erkannt, dass deine Angst nicht schützend, sonder hemmend ist.

Du wendest die Zwerchfellatmung an, um ruhiger zu werden (Peurifoy, 1993, S. 41). Nun wendest du die Mittel der paradoxen Intention an (Lukas, 2014, S. 109). Du machst dir bewusst dass du dir „nicht alles von [dir] selber gefallen lassen" (Frankl 2002, S. 94) musst. Außerdem weißt du, dass du deiner Angst entgegentreten kannst (Schechner & Zürner, 2011, S. 42) und dazu entscheidest du dich. Jetzt schmückst du dir die Situation mit Humor aus (Lukas & Wurzel, 2015, S. 127-128). Z.B. malst du dir aus, dass dein Text völlig unzusammenhängend ist, du aber ganz überzeugt vorliest, sodass alle sprachlos sind. Dann lacht ihr herzlich über deinen misslungenen Text. Du wünschst dir jetzt also herbei, deiner Klasse zu zeigen, wie unzusammenhängend du schreiben kannst und meldest dich, um durch deine Angst hindurch zu gehen.

Eine Sache solltest du aber noch beachten. Ich habe häufig die Erfahrung gemacht, dass MitschülerInnen, bevor sie etwas vorlesen (z.b. in Deutsch), etwas sagen wie: „Aber das ist nicht ganz richtig". Wenn du aus den vorherigen Texten, die schon vorgelesen wurden, Fehler im eigenen Text entdeckt hast, dann kannst du sie vor dem Vorlesen genau benennen, aber werte deinen Text nicht unnötig ab, bevor du ihn vorgelesen hast. Mein Eindruck war, dass viele solche Sätze sagen, um mögliche Fehler in ihrem Text und die damit verbundene Peinlichkeit, die sie empfinden, etwas abzuschwächen. Versuche, zu deinem Geschriebenen zu stehen, deinen Text kritisieren zu lassen und auch zuzugeben, wenn etwas nicht gut gewesen ist. Manchen Menschen gelingt das besser, manchen schlechter. Wenn z.B. Deutsch nicht deine Stärke ist, stehe dir das offen ein. Es ist völlig in Ordnung, wenn du wo anders deine Stärken hast, aber du darfst trotzdem an deinen Schwächen arbeiten. Es kann gut sein, dass du einen/eine LehrerIn hast, der/die deine Angst verstärkt und mit gemachten Fehlern nicht gut umgeht. Auch wenn die Art von Feedback nicht sehr schön ist, ist es trotzdem Feedback und du darfst mit den gelernten Methoden daran gehen, das Feedback zu verwerten. Die Feedbackmethoden am Anfang des Buches (s.S. 11) solltest du immer anwenden, wenn es Feedback gibt.

Fragen zum Nachdenken

- In welchen Fächern habe ich am meisten Angst meine Ergebnisse zu präsentieren und warum?

_____

_____

_____

_____

- Was kann ich hierbei die gelernten Methoden anwenden?

_____

_____

_____

_____

_____

_____

_____

_____

- In welchen Situationen sage ich Sätze, die meine Ergebnisse sinnlos abwerten und warum?

_____

_____

_____

_____

Schritt 8: Verbessere deine sozialen Fähigkeiten

Soziale Fähigkeiten - das, was jeder haben will

In der Schule hast du mit sehr vielen Menschen zu tun. Du stehst den verschiedensten sozialen Herausforderungen gegenüber. Hierbei geht es nicht nur um den Umgang mit LehrerInnen sondern auch mit SchülerInnen. Ich kann nur von mir sagen, dass der richtige Umgang mit Menschen sehr bereichernd ist. Ich habe den Eindruck, dass eigentlich jeder Mensch gerne soziale Fähigkeiten haben will. Was meine ich damit? Du wünscht dir bestimmt, dass es dir leichter fällt, neue Menschen anzusprechen und mit ihnen ein gutes Gespräch zu führen, was nicht nur aus kurzem Small Talk besteht.

Soziale Fähigkeiten machen dich kompetenter und sicherer im Umgang mit Menschen. Ich denke, dass es damit generell deine Noten verbessern kann. Später siehst du auch an Beispielen, dass es sogar deine schriftliche Note verbessern kann.

Wie du am besten mit anderen Menschen umgehst

Im Folgenden möchte ich dir kurz meine 5 besten Tipps im Umgang mit Menschen geben. Es ist meiner Meinung nach die Grundlage und ein guter Start, um seine sozialen Fähigkeiten zu verbessern.

Der in meinen Augen wichtigste Rat im Umgang mit Menschen stammt aus der Bibel und lautet: „[…] Du sollst deinen Nächsten lieben wie dich selbst […]" (Schlachter-Bibel 2000, 2000, aus Markus 12:31). Der liebevolle und nette Umgang mit deinen Mitmenschen ist super wichtig. Menschen sind eher an Menschen interessiert, die sich für sie interessieren. Wenn du also echtes Interesse an deinen Mitmenschen entwickelst, indem du dir z.B. ihre Namen merkst, dich an ihre Anliegen erinnerst und freundlich an ihrem Leben Anteil nimmst, hast du die Grundlage für Vertrauen geschaffen. Dieses Interesse darf auf keinen Fall Mittel zum Zweck sein, sondern sollte immer ehrlich und aufrichtig sein. Höre auf mit der „Wie du mir, so ich dir" Taktik. Die führt auf Dauer nur zu Stress. Gehe du den ersten Schritt und behandle dein Gegenüber liebevoll, egal wie es dich behandelt. Das ist wahre Stärke. Wenn du mal dein Gegenüber kritisierst, dann immer in einer liebevollen Art, auf konstruktive Weise und mit der inneren Einstellung, dass du der anderen Person wirklich helfen möchtest und selber offen bist dich korrigieren zu lassen. Überlege dir vorher, wie sich der andere nach dem Gespräch fühlen soll und was dein Ziel mit der Kritik ist. Auch wenn es zu Konflikten, z.B. wegen deiner Note, kommt, wirst du immer mehr erreichen, wenn du dein Anliegen liebevoll und nett vorträgst. Alles andere bringt dein Gegenüber bzw. deinen/deine LehrerIn nur mehr dazu, dagegen zu halten.

Tipp Nr. 1: Habe echtes Interesse am Mitmenschen.

Beobachte und finde die Schwerpunkte Deines Gegenübers heraus. Drei Erfahrungen aus meiner Schulzeit dazu: Mein Mathelehrer hat uns im Unterricht immer wieder gesagt, dass er Wert auf Notationen legt. Das bedeutet, dass ihm wichtig ist, dass man alles regelkonform aufschreibt, kein „=" vergisst oder an die falsche Stelle schreibt usw. Obwohl ich das persönlich immer sehr nervig fand, hat er in den Klassenarbeiten gnadenlos Punkte dafür abgezogen. Spätestens nach der ersten Klassenarbeit wusste ich also, dass er darauf wirklich Wert legt. Bei den folgenden Klassenarbeiten habe ich dann besonders darauf geachtet und mir vorher immer nochmal alle Notationen angeschaut. Die Folge war natürlich kein Punktabzug mehr für Notationsfehler.

Ein anderer Lehrer wollte von uns, dass wir keine Rückseiten beschreiben und in deutscher DIN Norm schreiben. Das bedeutet, die Groß- und Kleinbuchstaben in einer ganz bestimmten Größe zu schreiben. Natürlich kam uns das allen ein wenig komisch vor, jedoch hatte dieser Lehrer ein besonders gutes Verhältnis zu den Schülern, die sich an seine Vorgaben hielten.

Das machte sich auch in der Note bemerkbar. Unabhängig davon, ob du es sinnig findest oder nicht.

Ein letztes Beispiel handelt von meiner Deutschlehrerin. Sie hatte es mit uns sehr schwer. Wir waren nur Jungs in unserem Kurs, die sehr wenig Interesse am Fach Deutsch mitbrachten. Nach einer Klausur hat sie zu uns gesagt, dass sie nur gute Noten gebe, wenn man auch Textbeweise in seinen Texten einbaue. Da ich nicht das komplette Buch auswendig lernen wollte, habe ich nur die im Unterricht angesprochenen Stellen markiert. In den Klassenarbeiten habe ich mir die markierten Stellen angesehen und geschaut, welche zu dem geforderten Text passen könnten und habe Textbelege eingebaut. Meine Lehrerin hielt was sie versprochen hatte, und ich bekam eine gute Note. Wenn du also die Möglichkeiten hast, die Vorlieben deiner Mitmenschen zu erfahren, dann merke sie dir und nehme sie ernst.

Tipp Nr. 2: Entdecke, worauf deine LehrerInnen (Mitmenschen) Wert legen und setze es um.

Versetze dich in die anderen. In diesem Tipp steckt so viel mehr, als man jetzt denken könnte. Es geht zum einen um einen Perspektivenwechsel. Es geht darum, sich klar zu machen warum andere Menschen so handeln, wie sie handeln. Wenn du erst mal dein Gegenüber verstehst, dann fällt es dir auch leichter mit ihm zu kommunizieren. Dein Gegenüber zu verstehen bedeutet nicht, dass du ihm/ihr zustimmst, sondern verstehst, warum es so denkt, wie es denkt.

Tipp Nr. 3: Versetze dich in deinen Mitmenschen hinein.

Frage dich, ob deine Gedanken wirklich auf Fakten gegründet und richtig sind. Wenn wir unterwegs sind und auf Menschen achten, sehen so manche von ihnen unfreundlich aus. Sobald du sie dann allerdings ansprichst, sind viele freundlich und wie verwandelt.

Tipp Nr. 4: Frage dich, ob deine Gedanken auf Fakten gegründet sind.

Übe! Die wichtigste Sache, der du deine Aufmerksamkeit schenken solltest, ist das ÜBEN. Es ist kein sozialer Meister vom Himmel gefallen. Jeder hat irgendwann einmal angefangen und Fehler gemacht. Habe keine Angst davor, Fehler zu machen, sondern sei bereit, aus deinen Fehlern zu lernen. Versuche deine Ängste aktiv zu bekämpfen. Mache immer wieder Dinge, die eine neue Herausforderung für dich sind. Sei es, dich nach vorne zu setzen, dich zu melden, ein Referat zu halten oder neue Leute anzusprechen.

Tipp Nr. 5: Übe!

Fragen zum Nachdenken

- Mit wem hast du gerade Probleme?

_____

_____

_____

- Wie kannst du dich wieder versöhnen?

_____

_____

_____

- Wie kannst du die 5 Tipps umsetzen?

_____

_____

_____

_____

_____

Schritt 9: Werde fit

Was hat Fitness mit der Schule zu tun?

Wenn du schon mal versucht hast, Hausaufgaben zu machen, während du Fieber hattest, wirst du mir vermutlich recht geben, dass deine Gesundheit enorme Auswirkungen auf deine Leistungsfähigkeit hat. Die meisten gesundheitlichen Aspekte sind allerdings nicht so offensichtlich wie Fieber. Es handelt sich um Dinge, die wir leicht vergessen, wie Schlaf oder genug zu trinken. Früher habe ich Gesundheit damit verbunden, schlank zu sein und Gemüse und

Obst zu essen. Für mich ist Gesundheit mittlerweile so viel mehr als das.

Warum ist Fitness wichtig für dich?

Wir sind keine Experten im Bereich Fitness. Du bekommst hier die Möglichkeit darüber nachzudenken, wie verschiedene Faktoren dich noch leistungsfähiger machen können. Du lebst in deinem Körper. Es macht allein deshalb schon Sinn sich zu fragen, was dem menschlichen Körper gut tut und was nicht. Während meiner Abiturprüfungen habe ich verstärkt auf viele gesundheitliche Faktoren geachtet, um optimal in die Prüfungen gehen zu können. Ich habe mich bei den Prüfungen wirklich großartig gefühlt und kann das nur jedem anderen auch wünschen und empfehlen.

Wie du fit wirst

Gesundheit besteht aus vielen Faktoren und wir werden hier nur manche anschneiden. Die Punkte sind aber noch lange nicht vollständig, vor allem zum Thema Ernährung könnte man viel sagen …. Es bietet dir eine Möglichkeit dir eine Auswahl an Dingen, die häufig vernachlässigt werden, bewusst zu machen.

Fit 1: Schlaf

Wir unterschätzen ihn häufig und leben über die Energie des Körpers hinaus. Es führt dazu, dass bei Schlafmangel vermehrt Konzentrationsprobleme auftreten (Trauner, 2019) und du somit mehr Zeit Zuhause investieren musst, um den Stoff nachzuholen. So ist die eigentlich wichtigere Zeit, wann wir uns den Wecker stellen sollten, nicht morgens zum Aufstehen, sondern abends zum ins Bett gehen, denn wenn du abends rechtzeitig ins Bett kommst, fällt es dir leichter morgens rechtzeitig aufzustehen.

Fit 2: Regelmäßigen Sport

Auch Sport erhöht deine Leistungsfähigkeit (Heinrich, 2013). Ich habe angefangen, während meiner Vorbereitung auf die mündlichen Prüfungen jeden Tag morgens ca. 30 Minuten Joggen zu gehen. Es hat mich super fit für den Tag gemacht und einen Ausgleich geschaffen.

Fit 3: Regelmäßige Ernährung

Ich würde dir wirklich empfehlen ein Frühstück einzunehmen. Auch wenn du dafür früher aufstehen musst, erhöht es deine Leistungsfähigkeit sehr stark (Zucker und geistige Leistungsfähigkeit (Kognition), o.D.). Mit Hunger ist es schwerer zu lernen oder sich zu konzentrieren. Ungünstig ist allerdings, wenn man viele Zwischenmahlzeiten hat, am besten isst man zwei bis dreimal am Tag (Torsten Prix Extrem Schwer, 2019).

Fit 4: Genug trinken

Dein Kopf wird es dir danken, wenn du ihm genug Wasser gibst. Er kann dadurch deutlich besser arbeiten (Vieth, 2018).

Fragen zum Nachdenken

- Welche Punkte fallen mir noch schwer?

_____

_____

_____

- Was hilft mir, sie in meinem Alltag umzusetzen?

_____

_____

_____

_____

- Welchen Sport möchte ich regelmäßig betreiben?

_____

_____

Schritt 10: Zufriedenheit

Warum Zufriedenheit?

Wenn du diese Schritte hier liest, kann es sein, dass du ein bisschen verzweifelst, weil du denkst, dass du sehr weit davor entfernt bist, diese Prinzipien zu beherrschen. Das kann ich verstehen. Wichtig ist, dass du dich so annimmst, wie du bist mit dem, was du gut kannst und mit dem, was du nicht so gut kannst und worunter du leidest. Das bedeutet natürlich nicht dass du deine schlechten Eigenschaften mögen musst, aber du darfst dich so annehmen, wie du bist und neue Fähigkeiten erlernen.

Die Veränderungen, die man sich wünscht (z.B. mutiger sein sich zu melden), sollten nicht deshalb gemacht werden, um sich dann leichter annehmen zu können. Dein Selbstwert darf nicht davon abhängen.

Wenn du „ja" zu dir sagst, fällt es dir viel leichter, Ziele zu setzen und Dinge zu verändern.

Manche Dinge brauchen länger, bis man sie gut umgesetzt bekommt. Das ist von Person zu Person unterschiedlich. Deswegen ist es wichtig, zufrieden mit seinem bisherigen Fortschritt zu sein. Setze dich nicht unter Druck, aber bleibe dran.

Wie werde ich zufrieden?

Versuche dir jetzt deinen Ist-Zustand deutlich zu machen Schreibe dir auf, was du schon gut kannst und was du gerne verändern möchtest. Gestehe dir offen deinen Ist-Zustand ein. Versuche nichts zu verschönern. Jeder hat unterschiedliche Stärken und Schwächen. Jetzt, wo du es dir verdeutlicht hast, kannst du besser sehen, wo du noch an Fähigkeiten arbeiten kannst und aktiv dankbar für deine Stärken sein. Das muss nichts mit Hochmut zu tun haben. Zusätzlich kannst du dir zur Gewohnheit machen, jeden Tag 5 Dinge aufzuschreiben, für die du dankbar bist (das kann sich auf dein ganzes Leben beziehen, nicht nur auf die Schule).

Fragen zum Nachdenken

- Welche Schritte beherrsche ich schon ganz gut?

_____

_____

_____

_____

_____

- Wo habe ich noch Ausbaupotenzial und was kann ich dafür konkret als nächstes tun?

_____

_____

_____

_____

_____

- Wofür bin ich heute dankbar?

_____

_____

_____

_____

_____

- Teil 2 -

spannende Präsentationen halten

In diesem Teil schauen wir uns an, wie man spannende Präsentationen halten kann. Ich wünsche mir, dass du Freude am Präsentieren findest und du dich darin ausprobierst.

Schritt 1: Dein Team

Warum du auf die Wahl deiner Teammitglieder achten solltest

Dieser Schritt ist natürlich nur relevant, wenn du deine Präsentation nicht alleine hältst.

Jeder kennt den Spruch: „**Team**work - **T**oll **e**in **a**ndrer **m**acht's". Ein Team, das nach so einem Prinzip funktioniert, ist anstrengend. Natürlich weiß ich, dass du dir dein Team nicht immer aussuchen kannst, dann helfen dir die Tipps über Teamführung, die am Ende dieses Schrittes gegeben werden. Mit dem richtigen Team macht es einfach mehr Spaß zu arbeiten. Man arbeitet effektiver und es gibt weniger Herausforderungen. Leider ist es oft auch so, dass deine besten FreundInnen nicht immer die einfachsten TeammitgliederInnen sein müssen. Das klingt hart, ist aber leider manchmal so.

Warum ist dein Team wichtig?

Ein Team kann eine super Sache sein, weil es bedeuten kann, dass du mehrere Menschen mit unterschiedlichen Gaben im selben Team hast. Die Aufgaben sind gleichmäßig verteilt, jeder kann sich auf die anderen verlassen und ist rechtzeitig mit seinen Aufgaben fertig. Es wertet eure Präsentation sehr auf, wenn jeder das macht, was er am besten kann. Das fördert auch die Freude unter den verschiedenen Teammitgliedern. Wenn jemand z.B. sehr gerne Informationen sucht, dann hat er vielleicht mehr Freude daran, als eine Präsentation zu erstellen.

Das wiederum macht dir vielleicht mehr Freude und so könnt ihr euch ergänzen. Auch gibt es in einem guten Team in der Regel für jeden weniger Arbeit. Das ist jetzt vielleicht ein großes Wunschdenken in deinem Kopf und du hast keine Ahnung, wie du das erreichen kannst, dazu gleich mehr. Manchmal ist es auch gut, das zu tun, was einem weniger leicht fällt, um daran zu wachsen und zu lernen. In so einem Fall kannst du dich z.B. auch mit jemandem zusammen tun, der deine gewünschte Fähigkeit schon gut beherrscht und von ihm lernen.

Wie du ein gutes Team erhältst

Wir wollen hier zwei Themen behandeln und uns wichtige Punkte anschauen. Zum einen, worauf du achten solltest, wenn du dein Team wählst und zum anderen, wie du dein Team führen kannst.

Kommen wir nun zum ersten Thema. Bei der Wahl deiner Teammitglieder solltest du dir zuerst einmal bewusst machen, welche Stärken und Schwächen die Personen haben. So kannst du versuchen, eine Vielfalt der benötigten Talente in dein Team zu bringen. Du solltest dir auch Gedanken machen, welche Einstellungen die verschiedenen Personen zu dem Fach und der Präsentation haben. Wenn z.B. dir die Präsentation sehr wichtig ist, den anderen aber nicht, kann das zu Herausforderungen führen. Auch die Arbeitsweise deiner Teammitglieder ist wichtig zu beachten. Wenn du z.B. ein Mensch bist, der alles sehr früh beginnt, deine Teammitglieder jedoch alles auf den letzten Drücker machen, kann das auch zu Spannungen führen. Stelle jedoch nie die hier genannten Prinzipien über den Menschen. Wenn jemand ein Team braucht und er passt deiner

Meinung nach nicht in dein Team, dann nehme ihn trotzdem auf. Spätestens, wenn du in seiner Situation bist, würdest du dir auch wünschen, dass dich jemand aufnimmt. Es macht einen nur unbeliebt, wenn man bestimmte Leute nicht im Team aufnimmt.

Mir ist bewusst, dass die Tipps hier einen Idealzustand darstellen. Es ist jedoch sehr hilfreich, sich darüber Gedanken zu machen.

Das zweite Thema ist die Teamführung. Dabei geht es mir jetzt nicht nur darum, wie du als Chef das Team führst, sondern auch darum, was ihr gemeinsam machen könnt, damit eure Teamarbeit so angenehm wie möglich wird. Das ist ziemlich wichtig, egal ob du dir dein Team ausgesucht hast oder nicht.

Zum einen ist es wichtig, dass ihr ganz klar festsetzt, welche Aufgaben jedes Teammitglied hat und bis wann jeder sie erledigt haben muss. Auch die Schritte 2: „Dein Publikum" (s.S. 78) und 4: „Verfolge ein Ziel" (s.S. 84) solltet ihr im Team klären. Jetzt hast du vielleicht Menschen im Team, bei denen du Sorge hast, dass sie ihre Fristen nicht einhalten. Dann kannst du sie eine gewisse Zeit (vielleicht einen Tag) vorher mal anschreiben und dich erkundigen, wie es läuft und ob er/sie noch etwas braucht. Damit hast du die Person an ihre Aufgabe erinnert ohne, dass es peinlich sein muss. Wichtig ist aber trotzdem, dass ihr euch gegenseitig vertraut. Es macht keinen Spaß, wenn man immer hinterfragt und ständig erinnert wird. Es macht euch das Arbeiten erheblich leichter, wenn ihr untereinander eure Erwartungen klar definiert. Wenn du etwas von deinem/deiner MitschülerIn brauchst, dann sage ganz klar in welcher Form und bis wann, damit du z.B. keinen langen Text bekommst, wenn du Stichpunkte erwartest etc. Solltest du trotz klar definierter Erwartungen doch enttäuscht werden, musst du deinem/deiner MitschülerIn nicht direkt die Arbeit abnehmen, sondern kannst nochmal um das Besprochene bitten.

Wenn ihr dann die Präsentation gehalten habt, solltet ihr auch zu euren Resultaten stehen. Wenn die Gruppenarbeit nicht gut gelaufen ist und der/die LehrerIn bohrt nach der Präsentation ein bisschen tiefer, dann steht zu den Sachen, die schlecht gelaufen sind und sucht keine Ausreden. Es ist einfach unfair etwas vorzugaukeln und es ist auch viel reifer, zu seinen Fehlern zu stehen. Du kannst das natürlich deinen Teammitgliedern nicht vorschreiben, aber du kannst mit gutem Beispiel vorangehen.

Hier wurden einige Punkte genannt, wie ihr eure Teamarbeit verbessern könnt. Mit der Zeit findest du heraus, mit welchen Personen dir die Zusammenarbeit leichter und mit welchen sie dir eher schwerer fällt. Es zeugt jedoch von Reife, wenn du auch mal mit Menschen zusammenarbeitest, mit denen die Zusammenarbeit schwieriger ist. Obwohl es am Anfang vielleicht schwer ist, kann es für beide Seiten einen Lerneffekt haben.

Fragen zum Nachdenken

- Welche Stärken und Schwächen haben meine MitschülerInnen und ich grob?

_____

_____

_____

- Welche Teamzusammenstellungen könnte ich mir gut vorstellen?

_____

_____

_____

- Mit welchen Personen im Team könnte ich wachsen?

_____

_____

_____

Schritt 2: Dein Publikum

Auf das Publikum achten?

Das Prinzip ist ganz einfach. Überlege dir, wen du vor dir hast. Damit meine ich nicht, wie die Menschen in deinem Publikum heißen, sondern WEN du vor dir hast. Es geht darum herauszufinden, was die Vorlieben deines Publikums sind, welche Interessen sie haben, was sie in Ihrer Freizeit machen, welchen Bildungsstand sie haben, welchen Humor sie in der Regel haben usw. Umso mehr du über dein Publikum weißt, umso besser ist es. Das ist bei deiner Klasse jetzt nicht so schwer, weil du ja regelmäßig mit ihnen zu tun hast, kann aber bei anderem Publikum manchmal ein bisschen knifflig werden. Teilweise variiert das Publikum auch, aber auch das ist eine wichtige Information.

Warum das alles?

Diese Informationen helfen dir sehr, um deine Präsentation für dein Publikum spannend zu gestalten. Wenn du weißt, wen du vor dir sitzen hast, kannst du alles in deiner Präsentation auf dein Publikum ausrichten und es hilft dir, die Reaktion deines Publikums einzuschätzen Außerdem hilft es dir, deine Meinung, Aussagen und Thesen so rüber zu bringen, dass sie bei deinen ZuhörerInnen Interesse wecken. Wenn du z.b. SchülerInnen vor dir sitzen hast, macht es wenig Sinn, einfach so Beispiele aus dem Leben eines Wissenschaftlers zu bringen. Sie sollten aus dem Leben deines Publikums sein. Natürlich kann es auch mal helfen, andere Perspektiven darzustellen, aber ich denke du verstehst das Prinzip. Um eine andere Perspektive zu bekommen ist es durchaus in Ordnung auch z.B. ein Beispiel zu bringen, das nicht aus dem Leben deines Publikums ist, es sollte aber für dein Publikum verständlich sein. Dein Publikum zu kennen hilft dir, es dort abzuholen wo es gerade im Leben steht.

Wie mache ich eine Publikumsanalyse und was dann?

Am besten nimmst du dir einen Zettel und schreibst alles auf, was du über dein Publikum weißt. Manchmal mag es viel sein, manchmal eher weniger. Es ist wichtig, dein Publikum so genau wie möglich zu beschreiben, dabei ist keine Information irrelevant, mag sie noch so speziell sein. Du kannst dich auch mit ein paar Leuten zusammensetzen und brainstormen, dann werdet ihr bestimmt ein paar Punkte finden.

Auch das Thema der Präsentation ist ein Indiz. Bekommst du z.b. ein politisches Thema, kannst du vielleicht abschätzen, wie wohl die politischen Einstellungen deines Publikums sind. (Wie wurde das Thema beschrieben? Wer hat dir den Auftrag gegeben? Was ist es für eine Organisation?...). Das sagt häufig auch schon viel über die Personen an sich aus.

Wenn du jetzt diese Liste hast, hast du bestimmt schon ein sehr gutes Bild von deinem Publikum. Jetzt ist es wichtig, deine Präsentation und deinen Vortrag auf dein Publikum auszurichten. Deine Beispiele und Zitate, die du bringst, das Layout deiner Präsentation und vieles mehr, kannst du jetzt besser an dein Publikum anpassen. Das bedeutet aber nicht, dass deine eigene Meinung oder dein Stil egal sind. Absolut nicht. Fange nicht an, deinem Publikum etwas vorzugaukeln.

Fragen zum Nachdenken

- Wen habe ich vor mir sitzen? Was beschreibt mein Publikum?

- Wie kann ich die Präsentation am besten auf mein Publikum anpassen?

_____

_____

_____

_____

Schritt 3: Begeistere dich für das Thema

Begeisterung ?!

In diesem Schritt lernst du, warum Begeisterung für dein Thema so wichtig ist, und wie du dich für Themen begeistern kannst. Wie cool wäre es, wenn du eine Präsentation halten musst und richtig begeistert davon bist.

Warum Begeisterung

Hast du schon mal eine mega langweilige Präsentation erlebt? Die meisten werden mit „ja" darauf antworten. Ein Grund dafür kann sein, dass die Leute, die die Präsentation gehalten haben, nicht wirklich begeistert von dem Thema waren. Es wird dir bedeutend leichter fallen, die Aufmerksamkeit deiner ZuhörerInnen zu gewinnen, wenn du Begeisterung zeigst. Schlussendlich wird ja auch dein Präsentationsstil bewertet und der wird durch Begeisterung definitiv aufgewertet. Es ist doch dann fast unmöglich, langweilig rüberzukommen. Außerdem fällt es einem viel leichter an der Präsentation zu arbeiten und es macht einem viel mehr Spaß, wenn man wirklich begeistert von dem Thema ist. Aber jetzt fragst du dich vielleicht: „Ja wenn ich mir mein Thema selbst raussuchen könnte, dann wäre das ja nicht so schwer, aber bei dem Thema ...?" Dann sei noch nicht enttäuscht. Natürlich weiß ich, dass man sich sein Thema nicht immer selbst aussuchen kann, bzw. zwischen Themen wählen muss und auch nicht immer sein Wunschthema bekommt. Aber das ist auch gar nicht schlimm und meiner Meinung nach sogar ganz gut so, weil du lernen darfst, dich für ein Thema zu begeistern. Aber dazu jetzt mehr.

Wie du Begeisterung bekommst

Zuallererst ist zu sagen, dass es schwer für dich wird, begeistert von einem Thema zu werden, wenn du das gar nicht willst. Begeisterung ist in erster Hinsicht tatsächlich eine Entscheidung. Entscheide dich dafür, begeistert von deinem Thema zu sein. Das ist nicht immer ganz leicht und manchmal sogar ziemlich schwer. Nach einer bewussten Entscheidung gehst du anders an die Sache heran. Versuche, begeistert und offen sein zu wollen. Dann informierst du dich über dein Thema und hast im Hinterkopf, ein cooles Präsentationsziel zu finden, aber dazu im nächsten Schritt mehr. Arbeite an deiner Einstellung und versuche dich zu freuen, etwas lernen zu dürfen und damit klüger zu werden (Über deine Einstellung haben wir uns schon im 1. Teil bei Schritt 3, S. 32, Gedanken gemacht).

Fragen zum Nachdenken

- Welche Bereiche meines Themas finde ich richtig cool?

_____

_____

_____

- Wie kann ich die Situation neu interpretieren, um eine besse-re Einstellung zu bekommen?

_____

_____

_____

_____

_____

_____

_____

Schritt 4: Verfolge ein Ziel

Was ist ein Ziel bei Präsentationen?

Mit einem Präsentationsziel meine ich, welches Ziel du mit der Präsentation verfolgst. Was möchtest du, dass dein Publikum nach deiner Präsentation verstanden hat? Wenn du in einem Team bist, ist es natürlich wichtig, dass alle dasselbe Ziel teilen. Ihr solltet euch deshalb gemeinsam Gedanken darüber machen. Es sollte etwas sein, das alle interessant und wichtig finden. Das Ziel sollte auch genau gestellt sein. Wenn du das Ziel mit eigenen Worten genau und kurz formulieren kannst, kannst du häufig sicher sein, es auch verstanden zu haben.

Warum ein Ziel?

Das Ziel erzeugt einen gewissen roten Faden, der sich durch deine ganze Präsentation durchzieht. Anhand deines Ziels, kannst du entscheiden, ob Informationen in deine Präsentation eingebaut werden, oder nicht, ob sie reinpassen oder nicht. Wenn dein/deine LehrerIn Vorgaben macht, solltest du diese Informationen zielfokussiert einfließen lassen. Stelle dir einfach die Frage, wie dir die geforderte Information hilft, dein Ziel zu erreichen.

Wie finde ich ein Ziel?

Vielleicht fragst du dich, wie du bei diesem (deinem) Thema ein Ziel finden kannst, was deine MitschülerInnen interessiert und fesselt. Es lässt sich aus nahezu jedem Thema ein spannendes Ziel finden und es ist durchaus normal, dass nicht immer alle ZuschauerInnen das Thema gleich spannend finden. Hier kann man nochmal auf das Publikum schauen. Frage dich, welches Ziel die meisten deiner ZuhörerInnen interessant finden. Es ist auch sehr wichtig, sich zuerst mal einen Überblick über das Thema zu verschaffen. Man kann bei der Wahl seines Ziels auch schauen, was es gerade für gesellschaftliche oder politische Schwierigkeiten gibt und ob es Zusammenhänge mit deinem Thema gibt. Frage dich, welchen Mehrwert und Nutzen das Thema deinem Publikum bringt. Das ist manchmal etwas knifflig, aber es lohnt sich. Es schenkt deiner Präsentation einen Sinn, denn wir alle sehen gerne einen Sinn bei dem, mit was wir uns beschäftigen.

Manchmal ist das Thema deiner Präsentation schon sehr stark vorgeschrieben. Dann solltest du diese Richtung wählen.

Ich gebe dir hier zwei Beispiele:

Wir nehmen an, du sollst eine Präsentation über Martin Luther King halten. Jetzt kann dein Ziel lauten, dass du sein Leben darstellen und so die Person vorstellen möchtest. Du kannst dir aber auch ein Ziel deiner Präsentation suchen, wie z.B.: „Ich möchte darstellen, welche Methoden M.L.K. entdeckt hat, um Rassismus in der Gesellschaft zu bekämpfen. Damit möchte ich jungen Menschen Handlungsoptionen aufzeigen und Mut machen, für Gleichberechtigung einzustehen." Beides ist legitim. Das zweite ist sehr praktisch und ein wichtiges Thema, was uns irgendwie alle angeht und jetzt kannst du z.B. seine Lebensgeschichte im Hinblick dieses Ziels anschauen. Solltest du dich bei deiner Präsentation für ein spezifischeres Ziel, wie in unserm Fall Vorschlag zwei, entscheiden, solltest du das mit deinem/deiner LehrerIn abklären, damit seine/ihre Erwartungen nicht enttäuscht werden.

Jetzt kann es aber natürlich auch sein, dass das Thema folgendermaßen gestellt wird: „Stelle den Tod von M.L.K. und dessen Auswirkungen dar". Jetzt ist das Thema schon viel spezifischer und vielleicht musst du ein bisschen knobeln, bis du ein passendes Ziel findest. Hier mal eine Idee. Ziel: „Ich möchte die Strömungen und Motive hinter dem Mord von M.L.K. darstellen und wie diese sich heutzutage zeigen oder über die Zeit verändert haben. Außerdem möchte ich aufzeigen, wie es nach seinem Tod weiterging, ob die Bewegungen, die M.L.K. angefangen hat, eingeschlafen sind oder weitergingen und Mut machen, für gute Sachen einzustehen. Damit möchte ich auf diese Strömungen und das dahinterliegende Gedankengut aufmerksam machen und es auf die heutige Zeit übertragen."

Vielleicht fällt dir auf, dass ich immer noch einen Grund hinter das Ziel geschrieben habe. Das hilft dir herauszufinden, warum du das Ziel überhaupt so haben möchtest. Es schenkt also Klarheit.

Fragen zum Nachdenken

- Welches Ziel möchte ich mit meiner Präsentation erreichen?

_____

_____

- Warum möchte ich dieses Ziel erreichen?

_____

_____

_____

- Welchen Mehrwert bietet mein Präsentationsziel meinem Publikum?

_____

_____

_____

- Wie sortiere ich meine Themen in der Präsentation, um das Ziel mit einem rotem Faden zu erreichen?

_____

_____

_____

Schritt 5: Gute Vorbereitung

Vorbereitung? Aber klar!

Vielleicht hast du es auch schon einmal erlebt. Kurz vor dem Termin der Präsentation wurde noch irgendwie eine Präsentation erstellt und im Team verteilt, wer was zu welchem Thema sagt. Die Präsentation wurde gehalten und man erhielt eine mittelmäßige Note. Vielleicht war sie sogar gar nicht so schlecht. In meiner Schulzeit war es sogar einmal so, dass wir in der Gruppe ein Mitglied vergessen haben. Nicht lange bevor die Präsentation los ging, ist uns der Missstand aufgefallen und er hat dann noch etwas zum Vortragen bekommen. Sein Name stand dementsprechend auch nicht auf der Startfolie der Präsentation. Ja, in der Schule funktioniert das manchmal, trotzdem kann es spätestens im Berufsleben Situationen geben, wo du wirklich gut vorbereitet sein solltest. Stell dir nur mal vor, dein Chef hat potenzielle Kunden eingeladen und du sollst euer Produkt vorstellen. Jetzt zahlt sich gute Vorbereitung häufig aus, denn die eingeladenen Kunden machen so etwas vermutlich nicht zum ersten Mal: Kunde sein. Natürlich muss dein Vortrag überzeugend und spannend sein, aber du brauchst auch genug Futter. Am besten kennst du jegliche Zahlen, Werte und Verknüpfungen über das Produkt auswendig.

Warum, wenn auch weniger reicht?

Nun ja, wie gesagt. In vielen Präsentationen reicht ein Grundwissen völlig aus. Das erreichst du in der Regel schon durch das Informieren z.B. im Internet. Das machst du sowieso, um dich auf deine Präsentation vorzubereiten. Wir gehen jetzt aber mal von wichtigeren Präsentationen aus. Du kannst deine ZuschauerInnen mit Fachkompetenz überraschen. Vielleicht kennst du das. Du stehst mit deinen MitschülerInnen vor dem Klassenraum und wartest auf deinen/deine LehrerIn. Eine Einzelperson oder eine Gruppe hält in der folgenden Stunde eine Präsentation. Jetzt bekommst du mit, wie einer/eine aus der Gruppe zu einem/einer KlassenkameradIn sagt, er/sie solle ihm diese oder jene Frage nach der Präsentation in der Fragerunde stellen. Oder du bekommst mit, wie einer/eine aus der zu präsentierenden Gruppe zu euch sagt, dass ihr bloß keine Fragen stellen sollt. Die Motive sind klar: Man möchte mit Fachwissen glänzen oder Unwissen verbergen. Wenn mehr Fragen gestellt werden, die im Vorhinein geklärt wurden, bleibt zudem weniger Zeit für unangenehme Fragen.

Kommen wir zu unserem Beispiel, der Produktpräsentation zurück. Es geht hierbei darum, die gesamte Verhandlung in gesundem Maße zu dominieren. Es geht darum, deinem Kunden zu zeigen, dass das Produkt durchdacht und stimmig ist. Dazu gehört aber auch, dass du nicht lügst. Wenn du eine Schwachstelle aufgezeigt bekommst, dann stehe ehrlich dazu. Mit „Gespräch dominieren" meine ich nicht, dass du deine ZuhörerInnen nicht zu Wort kommen lässt, sondern einfach Fachkompetenz zeigst.

Wie bekomme ich Fachkompetenz?

Wenn du begeistert von deinem Thema bist, dann wird es dir nicht sehr schwer fallen, Fachkompetenz aufzubauen. Immer wenn dir im Laufe deiner Vorbereitung eine Frage zum Thema kommt, schreibst du sie dir auf und suchst eine befriedigende Antwort darauf. Frage dich, welche Punkte Fragen aufwerfen können. Frage dich z.b. bei einem Produkt, das du vorstellst, nach Schwachstellen oder bei einer Präsentation in der Schule nach relevanten Wissenslücken. So kannst du sie vielleicht noch beheben oder Leute fragen, ob es wirklich welche sind, bzw. du kannst dann vorbereitet sein, falls Fragen kommen. Zeige den Menschen, dass Sie dir wichtig sind und es wert sind, dich ausgezeichnet auf die Begegnung vorzubereiten.

Was macht man aber, wenn man trotzdem auf eine Frage keine Antwort weiß? Sage so viel du zur Beantwortung weißt, und stehe dazu, wenn du etwas nicht weißt. Versuche nicht von der Frage abzulenken. Bei z.B. der Produktpräsentation kannst du auch sagen, dass du dich darüber erkundigen und die Antwort weitergeben wirst. In der Schule ist das meiner Meinung nach eher weniger zu empfehlen, da der/die LehrerIn die Antwort ja in der Regel weiß. Also stehe dazu, wenn du keine Antwort auf die Frage hast.

Wenn du genug Fachwissen hast, kannst du Verknüpfungen erstellen. Du verstehst Zusammenhänge besser und das kann auch ein sichereres Auftreten erzeugen.

Fragen zum Nachdenken

- Habe ich Angst, dass Fragen kommen? Wenn ja, warum und in welchen Bereichen fühle ich mich unsicher?

_____

_____

_____

- Welche Fragen könnten nach meinem Vortrag offen bleiben?

_____

_____

_____

_____

- Was kann ich tun, um diese Unsicherheit abzubauen?

_____

_____

_____

_____

Schritt 6: Deine Darstellungsweise

Mit oder lieber ohne Folien?

Meiner Meinung nach kann man Darstellungsweisen grundsätzlich auf zwei Arten nutzen: Dynamisch und statisch. Statisch würde man ein Darstellungsweise nutzen, wenn die Inhalte schon vor der Präsentation fest sind und sich auch während deinem Vortrag nicht verändern. Ein gutes Beispiel dafür sind Plakate. In der Regel ändert man nichts am Plakat während man vorträgt. Dynamisch würde man eine Darstellungsweise nutzen, wenn auf dieser während dem Vortrag z.B. wichtige Learnings festgehalten werden oder eine Grafik entsteht usw.. Eine Tafel kann man sehr gut dynamisch verwenden, jedoch auch statisch. Die Medien an sich lassen sich also schwer kategorisieren, sondern viel mehr, wie man sie nutzt. Es gibt bei den unterschiedlichen Darstellungsweisen grundsätzlich kein gut oder schlecht, sondern ein passend oder unpassend. Das ist ein wichtiger Punkt. Man kann auch verschiedene Darstellungsweisen kombinieren. Du erkennst vielleicht, dass Folien dementsprechend nicht zwangsläufig ein Muss für einen guten Vortrag sind, weil es auch coole andere Darstellungsweisen gibt, die teilweise viel passender sind. In der Schule wird viel mit Präsentationsfolien gearbeitet und im Nachfolgenden gehen wir noch mehr darauf ein. Auch Vorträge ganz ohne Darstellungsweisen können sehr gut sein. Natürlich musst du in erster Linie auf die Vorgaben achten. Wenn eine Präsentation gewollt ist, solltest du natürlich eine haben. In der Schule kann es manchmal rüberkommen, als nehme man den Vortrag nicht so ernst oder man wäre unvorbereitet, wenn man keine Darstellungsweise hat. Aus diesem Grund würde ich dir in der Schule nahezu immer eine Präsentation bzw. andere Darstellungsweisen empfehlen. Der Lehrer kann daran sehen, dass du dich vorbereitet und Zeit investiert hast. Versuche, die richtige Darstellungsweise für den richtigen Anwendungsfall zu finden.

Du kannst auch mit Darstellungsweisen etwas spielen. Auch eine Präsentation kann in gewisser Weise dynamischer werden, indem du z.B. verschiedene Informationen etc. nacheinander zeigst. Sinnvoll ist eine Präsentation aber vor allem, wenn du statische Informationen hast (wie z.B. technische Spezifikationen, wichtige Tabellen, ...), die deinem Publikum vorliegen sollten, um dir besser folgen zu können, bzw. damit es überhaupt verständlich wird.

Es geht darum für deinen Vortrag das richtige Werkzeug zu finden und dieses richtig einzusetzen. Richtig eingesetzte Darstellungsweisen werten deinen Vortrag sehr auf, denn sie sollen deinen Vortrag ergänzen und unterstützen. Das ist sehr wichtig. Deine Darstellungsweisen sollen dich nicht ersetzen, wie es z.B. der Fall ist, wenn deine Folien nur das in langen Stichpunkten beinhalten, was du auch sagst und somit deinen Vortrag zum Mitlesen an die Wand zu projizieren. Vielleicht verstehst du jetzt auch besser, warum manchmal keine Präsentation notwendig, bzw. eine Präsentation nicht das richtige Werkzeug ist.

Wie sieht eine gute Präsentation aus?

In der Schule werden zumindest in höheren Klassen häufig Präsentationsfolien als Darstellungsweise verwendet. Wir schauen uns jetzt an, was dabei der Gestaltung deiner Folien grundsätzlich wichtig ist. Erstmal ist zu sagen, dass, wenn du eine Präsentation hast, sie eigentlich das erste ist, was dein

Publikum von deinem Vortrag mitbekommt. In der Regel sehen sie die erste Folie deiner Präsentation, noch bevor du einleitende Worte gesagt hast. Das zeigt, wie wichtig die erste Folie ist. Du kannst dir schon die Aufmerksamkeit deines Publikums holen, bevor du überhaupt einen Satz gesagt hast. Erzeuge etwas Spannung durch den Text auf deinem Titelbild. Der kann z.B. dein Ziel beinhalten. Du kannst auch eine grundlegende interessante Fragestellung haben, die dann in deiner Präsentation Schritt für Schritt geklärt wird (die Fragestellung könnte dein Ziel beinhalten). Wenn du Spannung erzeugst, solltest du natürlich auch das Niveau halten und nicht leere Versprechungen machen.

Viele LehrerInnen wollen auch Angaben wie Name, Ort, Datum, LehrerIn, Schule usw. auf der ersten Folie haben. Achte darauf, dass sie gekonnt in dein Präsentationsdesign mit eingearbeitet sind. Sie sollten nicht zu sehr im Vordergrund stehen, allerdings sollte man sie auch nicht suchen müssen.

Mein Tipp Nr. 1: Erhalte Aufmerksamkeit durch die erste Folie.

Nach Schritt 2 (s.S. 78) hast du ja schon ein gutes Bild von deinem Publikum. Auch das Design deiner Folien sollte auf der Geschmack deines Publikums ausgerichtet sein. Es ist wichtig dass du deinen eigenen Geschmack damit nicht über Bord wirfst, da es bei dir auch Unsicherheit erzeugen kann, wenn du Folien hast, die dir gar nicht gefallen, aber du kannst z.B. auf die Farbwahl in deiner Präsentation achten. Geht es z.B. um Umwelt, kannst du vielleicht mehr grüne Farben wählen.

Mein Tipp Nr. 2: Passe das Foliendesign (Farben, Schrift, etc.) an dein Publikum an.

Jetzt musst du dir im Klaren sein, inwiefern dich deine Präsentation unterstützen soll. Soll sie einfach nur deine Überschriften zeigen, damit dein Publikum weiß, wo du im Vortrag bist oder soll sie Grafiken aufzeigen, anhand dessen du etwas erklären kannst? Möchtest du anhand von Bildern Dinge verdeutlichen? Jetzt kannst du beginnen, den Rest der Präsentation zu erstellen.

Hierfür gibt es verschiedene Dinge, die du beachten solltest. Deine Präsentation ersetzt nicht deine Handkarten. Das ist unglaublich wichtig. Kennst du Powerpoint Karaoke? Das ist ein häufig ziemlich lustiges Spiel, bei dem jemand eine ihm fremde Präsentation bekommt, die er dann halten muss. Daraus lässt sich folgende Faustregel ableiten: Wenn der Präsentierende deine Präsentation bekommen würde, würde er dem Publikum dann genau das sagen, was du dem Publikum auch sagen würdest, weil du sozusagen von deinen Folien ersetzt wurdest, oder würdest du es dem Präsentierenden schwerer machen, weil wenig auf den Folien steht? Wenn du es dem Präsentierenden schwer machst, wäre es laut Faustregel gut.

Es gilt also: Weniger ist mehr. Mache weder lange Texte (außer vielleicht mal ein Zitat) noch Stichpunkte auf deine Folien, die einfach dein Gesagtes zusammenfassen. Das solltest du nur machen, wenn sie für das Verständnis wichtig sind oder man dir dadurch besser folgen kann.

Wenn du etwas sagst in deinem Vortrag und das Gesagte steht gleichzeitig auch auf deinen Folien, hebt sich das gegenseitig auf, es verliert seine Wirkung (Greator, 2016).

Mein Tipp Nr. 3: Weniger ist mehr.

Außerdem kannst du viele Informationen auch kreativ ansprechend rüberbringen. Bei Lebensläufen z.B. musst du keine Stichpunkte machen, es geht vielleicht auch ein Zahlenstrahl. Werde kreativ, was dein Gesagtes am besten unterstützt und ansprechend ist.

Mein Tipp Nr. 4: Sei kreativ!

Auch eine Flipchart ist eine sehr gute Möglichkeit, zu präsentieren, weil du während dem Vortrag z.B. eine Grafik entstehen lassen kannst, was das Ganze lebendiger macht (Greator, 2016). Auch Gegenstände können tolle Hilfsmittel sein. Bei solchen Methoden solltest du aber darauf achten, dass nicht lange Wartezeiten für das Publikum entstehen, weil du gerade zeichnest, etc. Das kann die Unaufmerksamkeit des Publikums fördern. Vielleicht kannst du auch während dem Zeichnen weitersprechen, damit verringerst du die Wartezeiten. Wie schon beschrieben, kann man auch zwei Möglichkeiten kombinieren und so z.B. Präsentationsfolien und eine Flipchart verwenden. Anstelle einer Flipchart kannst du auch eine Tafel verwenden.

Mein Tipp Nr. 5: Sei auch offen für alternative Darstellungsweisen.

Fragen zum Nachdenken

- Wenn du eine Präsentation hast, wie wird dein Vortrag durch sie unterstützt?

_____

_____

_____

- Welche Darstellungsweise(n) macht/machen bei meinen Vortrag Sinn?

_____

_____

- Warum steht dieses oder jenes auf meinen Folien (Hinterfrage die Wichtigkeit und Sinnhaftigkeit der Inhalte)?

_____

_____

_____

_____

- Wie würden meine Folien im Powerpoint Karaoke abschneiden?

_____

_____

Schritt 7: Sich an alles erinnern?

Welche Hilfsmittel gibt es?

Als Hilfsmittel ist mir keine große Auswahl bekannt. Ich kenne z.B. die klassischen Handkarten. Auch ein Din A4 Blatt, dass evtl. vor dir auf einem Tisch liegt, ist möglich. So hast du die Hände frei beim Präsentieren. Manche drucken sich auch die Präsentationsfolien aus, jedoch solltest du dir bei der Taktik bewusst sein, dass du, wenn du Schritt 6 umgesetzt hast, evt. weniger auf den Präsentationsfolien stehen hast. Das ist nicht zwangsläufig ein Problem, du solltest es nur berücksichtigen. Die an die Wand projizierten Folien an sich sind kein geeignetes Hilfsmittel, da man vermeiden sollte sich sinnlos von seinem Publikum abzuwenden. Wenn man etwas an den Folien erklärt, ist das natürlich nicht sinnlos. Außerdem hast du eventuell weniger als gewohnt auf deinen Folien stehen, wenn du den vorigen Schritt umgesetzt hast, dessen solltest du dir bewusst sein. Auch ohne Hilfsmittel, also auswendig, ist möglich. In der Schule hatte ich manchmal das Gefühl, das Präsentationen, bei denen die Vortragenden keine Hilfsmittel benutzt haben, höher gewertet wurden, als die mit Hilfsmittel. Ich finde das schade, da es ja nicht allein darauf ankommt, ob jemand mit Hilfsmittel oder ohne redet, sondern wie frei die Person vorträgt. Manche, die ohne Hilfsmittel vortragen, haben insgeheim trotzdem eines: Die Präsentationsfolien, von denen sie ablesen!

Bitte nutze nicht dein Handy als Hilfsmittel, weil das auf manche einen komischen Eindruck machen kann.

Grundsätzlich kann man von den anderen Hilfsmitteln nicht sagen, dass eins besser oder schlechter ist. Du musst herausfinden, was am besten zu dir und dem Setting passt, dir eine gewisse Sicherheit gibt und dich frei präsentieren lässt.

Es gibt Settings, wo nur das freie Vortragen wirklich in Frage kommt. Dann ist es wichtig, diesen Standard auch anzustreben. In dem normalen Schulalltag muss das aber meiner Meinung nach nicht so sein.

Warum überhaupt ein Hilfsmittel?

Ein Hilfsmittel ist erst einmal dazu da, dich an alles zu erinnern, was du deinem Publikum sagen willst. Es soll deiner Präsentation einen roten Faden verleihen und dich davor schützen ins Schwafeln zu kommen oder wichtige Punkte zu vergessen. Ein Hilfsmittel hat auch zur Aufgabe, dich dabei zu unterstützen, so frei wie möglich vorzutragen. Wie schon gesehen ist es nicht schlecht ein Hilfsmittel zu benutzen. Ohne Hilfsmittel einen guten Vortrag zu halten, ohne dass es auswendig gelernt rüber kommt, ist wirklich eine Kunst. Wenn du dich schon sicher fühlst, kannst du auch mal versuchen ohne Hilfsmittel zu präsentieren, bzw. du achtest mal darauf, wie häufig du generell in deiner Präsentation dein Hilfsmittel brauchst. Es ist bei einem Vortrag einfach besser, wenn du frei sprichst. Wenn du begeistert bist von dem, was du erzählst, dann wird es dir auch einfacher fallen, deinen Vortrag freier zu halten und für die ZuhörerInnen ist es dann viel einfacher dir zuzuhören und zu folgen.

Was und wie schreibe ich aufs Hilfsmittel?

Wichtig ist, dass du nie deinen ausformulierten Text auf dein Hilfsmittel schreibst, außer du hast vor abzulesen. Das ist aber bei einer Präsentation häufig enorm langweilig und schon schnell wird dir von vielen nicht mehr zugehört. Es gelingt nur den wenigsten Menschen, mit ausformuliertem Text, frei vorzutragen. Vermeide es also unbedingt abzulesen. Ablesen ist deshalb auch unklug, weil du dann weniger bis keinen Kontakt zu deinem Publikum aufbaust. Bei freiem Vortragen wirkt man vorbereiteter.

Versuche die Informationen, die du vermitteln möchtest, in kurzen Stichpunkten auf deine Karten zu bringen. Kurz sollten die Stichpunkte deshalb sein, weil du dann zum einen gezwungen bist, selbst zu formulieren und zum anderen findest du schneller wieder, wo du gerade gewesen bist, wenn du mal den Faden verloren hast. Auch unterschiedliche Farben helfen dir, dich auf deinem Hilfsmittel besser zurecht zu finden.

Du kannst auch auf dein Hilfsmittel schreiben, wann du zur nächsten Folie wechselst oder wann und welche Fragen du dem Publikum stellen möchtest.

Fragen zum Nachdenken

- Mit welchem Hilfsmittel kann ich frei vortragen und fühle mich trotzdem ziemlich sicher?

_____

_____

- Wie kann ich meine Stichpunkte so kurz und prägnant formulieren, dass sie trotzdem für mich schnell verständlich sind?

_____

_____

_____

_____

Schritt 8: Dein Vortrag

Was wird behandelt?

In diesem Schritt geht es um deinen Vortragsstil, deine Körperhaltung und deine ersten Sätze.

Warum ist das wichtig?

Wie du dein Thema präsentierst, hat sehr viel damit zu tun, wie es bei deinem Publikum bzw. deinem/deiner LehrerIn ankommt und das ist sehr wichtig für eine gute Note. An der Vortragsweise lernt man vermutlich nie aus. Sie hat auch einen großen Einfluss darauf, wie stark dir deine KlassenkameradInnen überhaupt zuhören.

Wie Vortragen?

Zuerst einmal solltest du du selbst bleiben. Versuche nicht irgendjemanden nachzuahmen oder etwas zu spielen, was du nicht bist. Bleib so natürlich wie möglich.

Auch solltest du beachten, was du ausstrahlst. Wirkst du begeistert oder eher gelangweilt? Zeigst du Unsicherheit oder Freude an der Präsentation? Entscheide dich dazu, Freude an der Präsentation zu haben.

Tipp Nr.1: Bleib natürlich und zeige Freude und Begeisterung.

„[D]er Einstieg in [d]eine Präsentation ist enorm wichtig. Denn während der ersten Sätze entscheidet sich beim Publikum, ob dein Vortrag als interessant oder langweilig wahrgenommen wird" (Schröder, 2018). Du brauchst daher eine spannende Einleitung. Darin kannst du z.B. auch schon auf dein Ziel verweisen. Bei einem spannenden Ziel fällt dir eine spannende Einleitung vermutlich leichter. Es ist nicht immer leicht eine spannende Einleitung zu finden, aber die Mühe lohnt sich. Versuche auch, gerade am Anfang, wenig auf dein Hilfsmittel und viel ins Publikum zu schauen, um mehr Kontakt zum Publikum aufzubauen. Auch z.B. eine persönliche Geschichte oder spannende Fragen (an dein Publikum oder rhetorisch) können super Einleitungen sein (Schröder, 2018).

Tipp Nr. 2: Nutze die ersten Sätze deines Vortrags.

Du solltest auch auf eine möglichst natürliche Körperhaltung achten. Es gibt Menschen, die unterbewusst anfangen mit dem Oberkörper zu wippen, die Schultern hoch zu ziehen oder mit etwas an ihrer Kleidung zu spielen.

Wenn du ein Problem damit hast, unnatürlich zu werden, kannst du dir z.B. auch ganz dick in rot „NATÜRLICH" auf deine Handkarten schreiben. Das erinnert dich dann regelmäßig daran, natürlich zu sein.

Tipp Nr. 3: Achte auf eine normale Körperhaltung.

Nutze auch deine Hände bei deinem Vortrag. Das strahlt mehr Sicherheit aus und macht deinen Vortrag lebendiger. Lass sie auf keinen Fall in den Hosentaschen. Wenn dir das schwer fällt, dann ziehe am besten eine Hose ohne Hosentaschen an, oder schreibe es ebenfalls auf deine Handkarten.

Manche Menschen benutzen unterbewusst häufig Zwischenlaute, wie „ähm", in ihren Vorträgen. Das kann etwas mit dem

Lampenfieber zu tun haben. Ich finde nicht, dass kein einziger Zwischenlaut in deinem Vortrag vorhanden sein muss, aber zu viele sind nicht gut. Versuche darauf zu achten, flüssiger vorzutragen, ohne zu viele Zwischenlaute zu verwenden. Es kann dir helfen, deinen Vortrag im Vorhinein häufiger durchzugehen oder schon mal zu halten, z.b. vor dem Spiegel oder einem/einer FreundIn. Dabei baust du Sicherheit auf und die Wahrscheinlichkeit, einen Zwischenlaut zu benutzen, sinkt. Zu häufiges Üben ist allerdings auch unvorteilhaft, da dann der Vortrag wie auswendig gelernt wirken kann.

Tipp Nr. 4: Reduziere deine Zwischenlaute.

Die Blicke deines Publikums können dich bei deiner Präsentation sehr verunsichern. Es ist ultra wichtig, dass du nicht versuchst die Blicke deines Publikums zu deuten. Wie du die Blicke deines/deiner ZuschauerIn interpretierst, kann die Wahrheit nämlich weit verfehlen. Blickkontakt ist aber trotzdem wichtig. Versuche daher breitgefächert ins Publikum zu schauen.

Tipp Nr. 5: Lass dich von den Blicken deines Publikums nicht verunsichern

Fragen zum Nachdenken

- Was hilft mir, während meiner Präsentation, natürlich zu bleiben?

_____

_____

- Welche genannten Punkte fallen mir noch schwer?

_____

_____

- Welche Punkte möchte ich in meiner nächsten Präsentation besonders umsetzten?

_____

_____

_____

Schritt 9: Umgang mit Lampenfieber

Was ist Lampenfieber?

Wir alle kennen Lampenfieber, aber wissen wir auch, was es wirklich ist? Lampenfieber ist eine Erscheinungsform von Angst

(Peurifoy, 1993, S. 5). Es ist die Angst zu versagen, etwas falsch zu machen oder sich zu blamieren. Bei manchen Menschen ist diese Angst sehr stark. Natürlich kann beim Präsentieren etwas schief gehen und es können auch peinliche Dinge geschehen, aber in unserem Kopf sind die Folgen unterbewusst manchmal zu dramatisch ausgeschmückt. Mit hemmender Angst haben wir uns in Teil 1, bei dem Schritt 6 „Trau dich" (s.S. 47), schon beschäftigt. Hier beziehen wir die dort angewandte Methoden für die Bekämpfung von hemmender Angst direkt auf Lampenfieber.

Warum sollte man lernen, mit Lampenfieber umzugehen?

Lampenfieber ist grundsätzlich etwas Gutes. Es bewirkt, dass man eine erhöhte Leistungsbereitschaft hat (Riedel et al., 2008, S. 281). Manche Menschen haben allerdings zu viel Lampenfieber. Das kann einen teilweise richtig handlungsunfähig machen. Es können auch durch das Lampenfieber peinliche Situationen entstehen. Es ist also wichtig zu lernen, damit umzugehen.

Wie geht das?

Da deine Angst ganz häufig unbegründet groß ist, gilt es, gegen sie anzugehen. Dazu helfen dir die Hilfsmittel aus Teil 1 dem Schritt 6 (s.S. 47). Hier nochmal in Kürze auf die Situation angepasst.

Wir gehen also davon aus, du musst eine Präsentation halten und bist normalerweise stark aufgeregt. Deine Aufregung ist so groß, dass sie dich daran hindert klar zu denken. Du analysierst, wovor du genau Angst hast (Lukas & Wurzel, 2015, S. 127). Beispielsweise hast du vor irritierten Blicken aus dem Publikum Angst. Jetzt gehst du der Angst mit „Was wäre wenn"-Fragen auf den Grund. Was wäre, wenn ich irritierte Blicke erhalte? - Sie würden mich verunsichern. Was wäre, wenn sie mich verunsichern? - Es würde vielleicht eine peinliche Situation entstehen, weil ich mich dann nicht mehr so sicher fühle. Deine Angst ist also hemmend und nicht schützend. Man könnte zwar sagen, dass sie dich vor peinlichen Situationen schützt, aber da ist ein kleiner Unterschied. Wenn du nämlich deiner Angst nachgibst und quasi nicht vorträgst, bist du vielleicht einer peinlichen Situation aus dem Weg gegangen, aber sie hat dich daran gehindert vorzutragen. Somit hat sie dich mehr eingeschränkt, als geschützt, da die ausgemalte Folge ja zum einen gar nicht automatisch eintrifft und du zum anderen ja daran lernen kannst, sicherer beim Vortragen zu werden.

Du wendest die Zwerchfellatmung an, um ruhiger zu werden (Peurifoy, 1993, S. 41).

Nun wendest du die Hilfsmittel an, um dich der paradoxen Intention (Lukas, 2014, S. 109) zu widmen. Du machst dir wieder bewusst, dass du dir „nicht alles von [dir] selber gefallen lassen" (Frankl, 2002, S. 94) musst. Außerdem weißt du, dass du deiner Angst entgegentreten kannst (Schechner & Zürner, 2011, S. 42) und dazu entscheidest du dich. Jetzt stellst du dir, mit Humor ausgeschmückt, die gefürchtete Situation vor (Lukas & Wurzel, 2015, S. 127-128). Z.B. kannst du dir vorstellen, wie deine MitschülerInnen Clownsgesichter haben.

Es ist mir wichtig nochmal zu betonen, dass Lampenfieber nichts Schlimmes, sondern etwas Gutes ist und mein Ziel besteht nicht darin, es komplett abzuschaffen. Es besteht vielmehr darin, einen guten Umgang damit zu bekommen, damit man nicht davon gelähmt wird. Denn wie wir gesehen haben, ist Lampenfieber in einem guten Maß auch Vorteilhaft (Riedel et al., 2008, S. 281).

Fragen zum Nachdenken

- Wovor habe ich Angst, bei meinem Lampenfieber und warum?

_____

_____

- Wie kann ich die gelernten Methoden anwenden?

_____

_____

_____

_____

_____

_____

Schritt 10: Umgang mit Feedback

Was ist Feedback?

Am Anfang des Buches haben wir uns schon Gedanken darüber gemacht, wie man mit Fehlschlägen umgehen kann. Dieses Thema ist bei Vorträgen auch sehr wichtig und deshalb habe ich nochmal einen extra Schritt dafür verfasst. Die Prinzipien wirst du schon kennen, aber wir gehen spezifischer auf Feedback bei Präsentationen ein.

Die Feedbackrunde nach Präsentationen kennen wir vermutlich alle und denken vielleicht mit gemischten Gefühlen daran, weil Feedback einen auch fertig machen kann. Deswegen ist es wichtig zu lernen, richtig damit umzugehen. Wie das geht, schauen wir uns jetzt an.

Warum ist Feedback wichtig und wie bekomme ich es?

Feedback kann einen aber nicht nur fertig machen, sondern einem auch wirklich weiterhelfen. Das sollte es nämlich. Man kann etwas ganz häufig machen und trotzdem nicht gut darin werden, wenn man nicht weiß, was man falsch macht. Feedback ist so unglaublich wichtig, weil es dir zeigt, wo du besser werden kannst. Du kannst sehen, wie dein Publikum auf Dinge reagiert, die du vielleicht ausprobiert hast und kannst dazulernen.

Richtiger Umgang mit Feedback

In der Schule habe ich leider die Erfahrung gemacht, dass je älter man wurde, desto weniger negatives Feedback hat man gegeben und das lag nicht unbedingt daran, dass sich die Präsentationen so enorm verbessert hätten. Meiner Meinung nach lag das ganz einfach daran, dass die MitschülerInnen den/die LehrerInnen nicht auf die schlechten Dinge aufmerksam machen wollten und eine größere „Egal-Haltung" herrschte. Aber wie wir gesehen haben, kann auch negatives Feedback sehr wertvoll sein. Solltest du mal nach einer Präsentation kein oder nur unzureichend Feedback bekommen, empfehle ich dir, dir welches zu suchen. Frage einfach die eine oder andere Person nach Feedback. Auch deinen/deine LehrerIn kannst du fragen, dabei solltest du natürlich darauf achten, dass du nicht schleimig rüberkommst, sondern ehrlich. Frage dabei ruhig auch Menschen, die nicht deine engsten FreundInnen sind und möglichst auch diejenigen, die die Fähigkeit des Präsentieren schon sehr gut beherrschen, nach Feedback. Aber wichtig: Nicht jedes Feedback, auch von vermeintlichen Profis, ist richtig.

Aber wie geht man damit um, wenn einem mal so richtig unsensibel die Meinung gesagt wird? Feedback ist ja bekanntlich nicht immer angenehm, auch wenn es vielleicht stimmt. Höre gut zu, welches Feedback kommt, denn das ist der erste Schritt. Nehme das Feedback nicht persönlich. Versuche dein Gegenüber genau zu verstehen, was es mit dem meint, was es dir sagt. Stelle Rückfragen, wenn du etwas nicht verstanden hast. Versuche dabei sachlich zu bleiben und das Feedback nicht zu werten, sondern einfach erstmal so stehen zu lassen. Auch wenn dein Gegenüber total emotionsgeladen ist, solltest du sachlich und neutral das Feedback aufnehmen und wenn nötig Rückfragen stellen. Du kannst den „Angriff" der Person abschwächen indem du ihr Wertschätzung entgegenbringst und nicht emotional zurückschlägst.

Jetzt kommt es zum zweiten Schritt: Die Analyse. Reflektiere ehrlich das, was dir dein Gegenüber gesagt hat. Du prüfst nüchtern, bei welchen Punkten er/sie recht und bei welchen er/sie unrecht hat. Es bringt dir natürlich nichts, negative Punkte schön zu reden, auch wenn man das vielleicht manchmal gerne macht. Mache dir auch bewusst, was dieses mal gut gelaufen ist.

Dann kommt Schritt drei: Die unwahren Punkte versuchst du einfach zu vergessen. Die Learnings von dem Feedback schreibst du in eine Dokument, in das du immer vor deinen Präsentationen schaust, so kannst du dich nochmal an die Learnings erinnern und besser werden.

Natürlich darf man auch nicht vergessen, dass es bei so einem Lernvorgang stets ein Auf und Ab gibt. Mal klappt vieles nicht, was man sich vorgenommen hat und manchmal klappt es richtig gut.

Die richtige Reihenfolge ist also:

Zuhören & Verstehen → Analysieren → Verwerfen oder Umsetzen

Hier nochmal zur Erinnerung. Wenn du ein Feedback gibst, mache dir stets bewusst, warum du das Feedback geben möchtest und gehe mit der Einstellung daran, dass du der Person helfen möchtest, besser zu werden. Sei dir immer bewusst, dass du auch mit deinem Feedback falsch liegen kannst. Vielleicht hatte dein Gegenüber ja einen guten Grund gehabt, warum er/sie es so gemacht hat. Vielleicht könnt ihr durch den Austausch beide etwas voneinander lernen.

Fragen zum Nachdenken

- Was wollte mir mein Gegenüber mit seinem Feedback genau mitteilen und wo habe ich Verständnisfragen?

_____

_____

_____

- Worin hat mein Gegenüber mit seiner Kritik recht?

_____

_____

_____

- Was kann ich beim nächsten Mal besser machen?

_____

_____

_____

Übung macht den Meister

Es ist wie bei fast allem. Umso häufiger du es machst, umso besser wirst du. So war es auch, als du Laufen gelernt hast. Du bist immer wieder hingefallen, aber schlussendlich hast du es gelernt. Beim Präsentieren ist das genau so. Wichtig ist, dass du nicht auf die Leistungen anderer schaust. Es gibt Menschen, die von Natur aus extrovertierter sind als andere. Denen fällt Präsentieren in der Regel leichter. Wenn du aber dran bleibst, wirst du besser. Vielleicht ist es dir zu viel, alle hier genannten Tipps auf einmal umzusetzen. Dann kannst du dir einfach von Präsentation zu Präsentation einen oder zwei Punkte vornehmen, auf die du besonders achtest. Ansonsten wünsche ich dir, dass du Freude am Präsentieren findest.

Nutze die Präsentationen in der Schule, um an ihnen zu lernen. Es wird schwerer, nach der Schule oder dem Studium einen Ort zu finden, es zu lernen. Außerdem zwingt dich dann keiner mehr, es zu lernen. Richtig Präsentieren zu können ist in vielen Berufen hilfreich und es ist dann wirklich vorteilhaft, diese Fähigkeit solide zu beherrschen.

Was wir uns für dich wünschen

Für dich wünschen wir uns ganz besonders, dass du Freude an der Schule findest. Außerdem hoffen wir, dass du deine Ziele erreichst und nicht aufgibst, wenn es mal schwieriger werden sollte.
Habe keine Angst davor Fehler zu machen, sondern lerne aus ihnen.

Höre nie auf zu lernen. Du bist nicht der Einzige mit deinen Problemen. Lerne von denen, die sie schon gelöst haben.

Sieh die Schule nicht nur als nervigen Ort mit Noten und als lästiges Muss, sondern als einen Ort, der dich in deinem Leben voranbringen kann und wo du tolle Fähigkeiten lernen darfst.

Überlege dir, was dir am Ende deiner schulischen Laufbahn bleiben wird. Da ist zum einen dein Abschluss. Da sind Freund-Innen, Wissen und vor allem erlernte Fähigkeiten.

Wissen ist wichtig und ohne die Schule, hätten wir uns viel Wissen gar nicht selbst beigebracht, weil es uns einfach nicht interessiert hätte, aber Fähigkeiten sind eben auch ein wichtiger Teil von Schule. Außerdem helfen dir viele Fähigkeiten in deinem späteren Leben immer wieder. Stell dir einfach mal vor, du wirst die Schule verlassen und kannst stabil eine Präsentation halten oder hast gelernt mit Angst umzugehen.

Es gibt auch nach der Schule viele Situationen, um zu wachsen und zu lernen. Man hat das ganze Leben Zeit und es ist nie zu spät damit anzufangen.

Wir wünschen dir, dass du in der Schule fürs Leben lernst, dass du Freude bekommst und einen Sinn darin findest in die Schule zu gehen.

Dein Freddy und Hanno

Zusammenfassung

Hier am Ende siehst du nochmal alle Schritte kurz zusammen-gefasst. Diese Zusammenfassung kannst du heraustrennen und dir irgendwo hin hängen oder legen wo du unter der Woche häufig erinnert wirst. Die Seite mit Teil eins sollte dabei oben liegen. Die andere Seite kannst du dir immer anschauen, wenn Präsentationen anstehen.

Teil 1

Schritt 1: Übernimm Verantwortung für dein Handeln und suche keine Ausreden.

Schritt 2: Setzte dir Ziele, um fokussiert zu bleiben.

Schritt 3: Ändere deine Einstellung, indem du positiv denkst.

Schritt 4: Bleibe am Ball, indem du regelmäßig den Stoff wiederholst und Lücken füllst.

Schritt 5: Nutze deine Zeit und sei effektiv.

Schritt 6: Trau dich, indem du Angst aktiv überwindest.

Schritt 7: Belohne dich, indem du deine Ergebnisse vorträgst.

Schritt 8: Verbessere deine sozialen Fähigkeiten. Versetzte dich in dein Gegenüber hinein und gehe mit ihm/ihr so um, wie er/sie mit dir umgehen soll.

Schritt 9: Werde fit, um leistungsfähiger zu sein.

Schritt 10: Sei zufrieden mit deinem Können und erlerne neue Fähigkeiten.

Teil 2

Schritt 1: Achte auf die unterschiedlichen Stärken und die Arbeitsmoral deiner Teammitglieder.

Schritt 2: Beachte, vor welchem Publikum du stehst, um deine Präsentation auf sie auszurichten.

Schritt 3: Sei begeistert, um es dir und deinen ZuhörerInnen schöner zu machen. Begeisterung ist auch eine Entscheidung.

Schritt 4: Verfolge ein Ziel bei deiner Präsentation, um ihr einen roten Faden zu geben.

Schritt 5: Bereite dich gut auf deine Präsentation vor, um Fachkompetenz zu zeigen.

Schritt 6: Achte auf das Design deiner Folien, damit sie deinen Vortrag unterstützen und nicht ersetzen.

Schritt 7: Wenn nötig, nutze ein Hilfsmittel, um dich an alles zu erinnern und den roten Faden zu behalten.

Schritt 8: Trage so frei wie möglich vor.

Schritt 9: Erkenne deine übermäßige Angst und überwinde sie.

Schritt 10: Werte dein Feedback aus, um stetig besser zu werden.

Literaturverzeichnis

Vieles, was in den Quellen steht, auch das Nichtzitierte, ist, meiner Meinung nach, wirklich große Klasse, allerdings möchte ich hier aus spirituellen Gründen sehr stark von Traumreisen abraten.

Frankl, V. E. (2002) *Logotherapie und Existenzanalyse - Texte aus sechs Jahrzehnten.* Beltz Taschenbuch.

Greator. (2016, 1. März). *So präsentiert ein Profi // Matthias Pöhm.* [Video]. YouTube. https://www.youtube.com/watch?v=8O7CusRyWC4

Heinrich, C. (2013, 3. September). *Kognitive Leistungsfähigkeit - Lauf dich schlau.* Der Spiegel. https://www.spiegel.de/gesundheit/ernaehrung/sport-steigert-das-gehirn-leistungsvermoegen-a-917596-amp.html

Lukas, E. (2014). *Lehrbuch der Logotherapie - Menschenbild und Methoden.* (4. Aufl.). Profil.

Lukas, E. & Wurzel, R. (2015). *Von der Angst zum Seelenfrieden.* Neue Stadt.

Lutter, A. (2020, 21. Dezember). *Zieldefinition: Warum du konkrete Ziele brauchst und wie du sie formulierst.* ecodemy. https://ecodemy.de/magazin/zieldefinition-ziele-definieren-mit-der-smart-methode/

Pattison, K. (2008, 28. Juli). *Worker, Interrupted: The Cost of Task Switching.* Fast Company. https://www.fastcompany.com/944128/worker-interrupted-cost-task-switching

Peurifoy, R.Z. (1993). *Angst, Panik und Phobien - Ein Selbbsthilfe-Programm* (1. Auflage). Hans Huber.

Riedel, C., Deckart, R. & Noyon, A. (2008). *Existenzanalsyse und Logotherapie - Ein Handbuch für Studium und Praxis* (2. Aufl.). Wissenschaftliche Buchgesellschaft.

Schechner, J. & Zürner, H. (2011). *Krisen bewältigen - Viktor E. Frankls 10 Thesen in der Praxis.* (5. Auflage). Braumüller.

Schlachter 2000. (2003). Genfer Bibelgesellschaft. https://www.bibleserver.com/SLT/Markus12%2C31

Schlachter 2000. (2003). Genfer Bibelgesellschaft. https://www.bibleserver.com/SLT/Matthäus7%2C3

Schröder, C. (2018, 11. Oktober). *VORTRAG BEGINNEN – 7 EINSTIEGE IN DEINE PRÄSENTATION.* Präsentationstipps. https://www.praesentationstipps.de/deinen-vortrag-beginnen/

Torsten Prix Extrem Schwer. (2019, 2. April). *Zwischenmahlzeiten: So ungesund sind Snacks für Dich - Abnehmexperte Torsten Prix* [Video]. YouTube. https://www.youtube.com/watch?v=uphL4T09kAc

Trauner, S. (2019, 15. Januar). *Schlecht für die Gesundheit: Wenn Schüler zu wenig schlafen.* ÄrtzteZeitung. https://www.aerztezeitung.de/Medizin/Wenn-Schueler-zu-wenig-schlafen-254178.html

Vieth, S. (2018, 21. Juli). *10 gute Gründe: Deshalb solltest du mehr Wasser trinken.* Doli Bottles. https://doli-bottles.com/blogs/inspiration/mehr-wasser-trinken

Zucker und geistige Leistungsfähigkeit (Kognition). (o. D.). Dr. Olaf Ballaschke, ADHS im Erwachsenenalter. Abgerufen am 28. März 2022, von http://www.adhs.org/therapie/gesund-leben-zucker-kognition